DIAMOND 流通選書

繁盛店はここが違う！

"儲かる"総菜売場のつくり方

小関恭司

ダイヤモンド社

はじめに

食品小売業界で「中食」が改めて注目を集めています。中食とは持ち帰ってすぐに食べられる食品のことであり、食品スーパーや総合スーパー（GMS）、百貨店の〝デパ地下〟などで販売される総菜は代表的な中食と言えるでしょう。飲食店で調理された食品を食べる「外食」、家庭内で調理して食べる「内食」と区別された食事の形態です。

なぜ今、中食、つまりは総菜に大きな関心が持たれているのでしょうか。
その理由として、次の3つが挙げられます。
1つめは、社会環境の変化によるものです。
現在、1世帯当たりの人数が減少しています。これは少子化や高齢化が進んだことが大きく影響しています。自宅で家族の分をまとめて調理するよりも、必要な分だけ総菜を購入して食べるほうが、コストの面で節約できると考える人が増えていると思われます。また、女性の社会進出が進み、調理時間の短縮につながる中食を利用する有職女性が増えています。

2つめは、競争の厳しい食品小売業界において、総菜は競合企業と差別化できる数少ないカテゴリーだからです。

独自に開発した総菜を店内で製造することで、オリジナリティをアピールできるのです。使用する素材に加えて、味付けや見栄え、出来たて感の訴求など、自社の強みを打ち出すこともできるでしょう。店内調理の設備や、従業員の調理技術などでも競合店と差をつけることが可能です。

近年、食品スーパーは、積極出店を続けるコンビニエンスストア（CVS）との競争に直面しています。CVSは日配商品や生鮮食品に加えて、総菜の品揃えに力を入れることで、高齢者や主婦層にも支持を拡大しています。CVS

に限らず、成長が見込まれる中食市場に参入する企業は増えると思われます。

しかし、食品スーパーは素材となる生鮮食品を扱っていることや、店内に調理設備を持つ強みを生かして総菜を強化することで、CVSに勝る品揃えや味付けを実現することができるのです。

そして3つめは、総菜は利益部門であるからです。

総菜の多くは、自店でオリジナルの商品を製造することにより、競合店との価格競争にとらわれず売価を設定することができます。競合店にも並ぶナショナルブランド（NB）商品を低価格で訴求するよりも、味付けや食感、出来たて感などの付加価値をアピールすることで、収益改善が可能になるでしょう。

ただ残念なことに、多くの食品小売業の総菜部門では問題が山積みとなっています。

総菜強化を目的に、ただ単に売場を広げたり、品揃えを拡充したりする食品スーパーが多いのですが、最適な売場、品揃えを維持していくには、それを支える魅力的な商品や効果的な販売促進、効率的なオペレーションが必要になります。しかし、自社の能力を超えた売場や品揃えの拡大をめざして失敗してしまう事例が多いのが現状です。

また、人手不足が総菜部門の運営を難しくしています。人手が足らないのであれば、従来の収益構造を見直し、利益を生み出す総菜売場に変える必要があります。十分な利益を確保することで労働環境を改善し、競合店と差別化するための投資もできるようになります。

本書では、私が食品小売業の総菜部門に在籍していた時の経験や、コンサルタントとして小売企業と取り組んできたことをわかり易くまとめました。収益改善策を提案するとともに、実践的な事例を多数盛り込み、現在の総菜部門を見直し、総菜の基本を押さえた売場をつくる際の鉄則を易しく解説しています。

本書は、小売業の総菜部門に関わる方を対象としています。総菜のバイヤー、各店舗総菜部門のチーフ、パート従業員の方、総菜を強化部門と位置づける小売業の幹部はもちろん、小売業の総菜部門と取引のある食品メーカーや卸売業、調理機器メーカーの方にもぜひ読んでいただきたいと思います。

今後、競争は厳しくなるはずです。儲かる総菜売場をつくるためには自社の強みを打ち出さなくてはなりません。競合と同じ総菜を仕入れて売るのではなく、これからは自社で製造から販売まで担う製造小売業的な姿勢が求められます。小売業の経営者と商品部、店舗、そして取引先が同じ目線でタッグを組み、儲かる売場づくりに挑むことが必要なのです。本書をたたき台として、強いチームづくりにチャレンジしていただければ幸いです。

株式会社リンクスＫ　代表取締役
小関恭司

〝儲かる〟総菜売場のつくり方　目次

はじめに……1

第1章

「看板商品」を育成し収益の源泉をつくろう……11

第4章

既存商品を伸ばす販促テクニック …… 121

第1章

「看板商品」を育成し収益の源泉をつくろう

1

総菜の売上はどこまで伸ばせるか

目標は売上構成比15%、粗利益率40%

食品市場において、総菜は最も伸びしろのあるカテゴリーです。

日本惣菜協会の調査によると、2015年の食市場の規模は67兆2694億で、2006年に比べて6・9%増えました（図表①）。なかでも食の市場規模拡大を牽引するのが中食（総菜）です。中食の市場規模は2006年比22・6%増の9兆5814億円となりました。

図表❶　食品の市場規模と構成比推移

	2006年	2015年	06年～15年比
内食	30兆5587億円	32兆5064億円	106.4%
中食（惣菜）	7兆8129億円	9兆5814億円	122.6%
外食	24兆5523億円	25兆1816億円	102.6%
食市場計	62兆9239億円	67兆2694億円	106.9%

出典：日本惣菜協会「2017年版惣菜白書」

食品スーパーでも総菜が堅調です。「平成28年スーパーマーケット年次統計調査報告書」によると、食品スーパーの総菜部門の売上構成比は10％前後で推移しています（インストアベーカリー含む）（図表②）。高齢化や核家族化、有職女性の増加などの社会環境の変化を反映し、家庭内の調理頻度や一回当たりの食事量が減っていく傾向にあることから、今後ますます総菜のニーズが高まることは確実です。

そのような状況で、**食品スーパーがめざすべき総菜部門の目標は、ずばり、食**

図表❷ 食品スーパーの売上構成比（平均値）

単位：％ ■2014年（n=212） ■2015年（n=199） ■2016年（n=177）

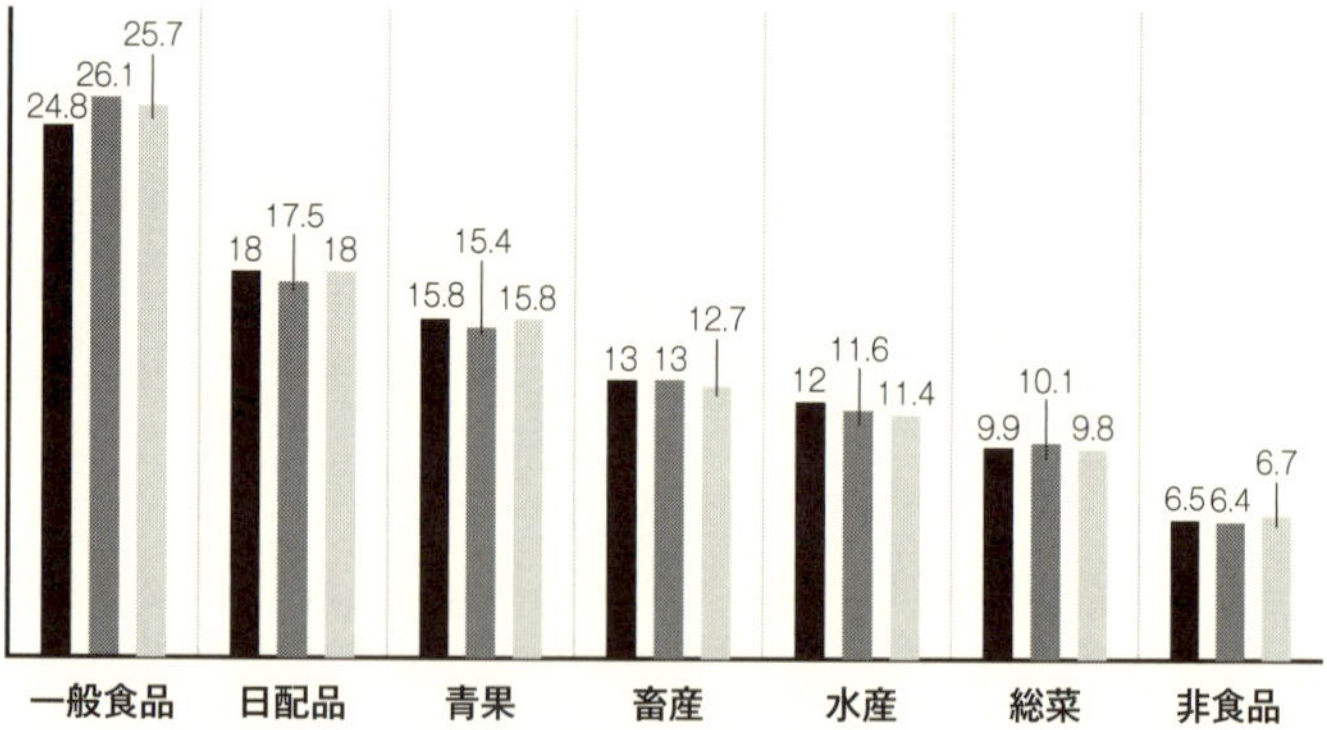

出典：日本スーパーマーケット協会、オール日本スーパーマーケット協会、新日本スーパーマーケット協会「平成28年スーパーマーケット年次統計調査報告書」

品内売上構成比15％、粗利益率40％です。

たとえば、アメリカでは、総菜の売上構成比が20％を超える食品スーパーも出てきています。日本では生鮮食品や加工食品の落ち込み分を総菜がカバーすると考えた場合の期待値が15％であり、実現可能と思われるラインでもあります。

粗利益率40％というのは、私の経験から必要と判断した水準です。

総菜部門は他部門に比べて粗利益率が高い部門です。粗利益は、会計上では売上総利益といいます。売上高から売上原価（食材費や容器などのコスト）を差し引いた数字です。**総菜は店内で製造するためオリジナリティを打ち出しやすく、競合他社と差別化できるため、利益を確保しやすい**のです。

一方、総菜部門は、総菜をつくるための人件費率が他部門より高くなります。また、値下げ販売や廃棄ロスをあらかじめ想定した値入れが必要になります。そのため、営業利益（売上高から売上原価と人件費、固定費、廃棄ロスなどを差し引いた利益）の対売上高比（営業利益率）10％をめざすならば、粗利益率は40％以上を目標にするべきです。

粗利益率の高さが営業利益率の高さを意味しないとはいえ、自社の努力によって、原価や製造コストを引き下げることが、さらなる利益確保につながります。その意味でも総菜部門に期待する部分は大きいといえるでしょう。

では、総菜部門の売上構成比を高めるにはどうすればいいのか具体的に見ていきましょう。

売上を増やすカギは「部門支持率」と「1人当たり買上点数」

店の売上を増やすためには、客数を増やすこと、そして客単価を上げることの2つしかありません。

「売上＝客数×客単価」という公式は、小売業界に入って最初に教えられる基礎知識です（図表③）。しかしながら、この公式を本当の意味で理解しているでしょうか。もう一度原点に立ち返って考えてみる必要があります。

まず、**客数は「来店客数」と「部門支持率」の2つに分けて考えます**。来店したお客が、すべての売場で買物をするわけではない、ということです。たとえば、1日に1000人のお客が来店したとき（来店客数1000人）、総菜を買うお客が300人なら、総菜の部門支持率は30％です。仮に、来店客数が1割増えて1100人になったとき、総菜部門支持率が30％のまま変わらないとすると、総菜を買うお客は比例して330人に増加することになります。

図表❸ 売上の中身を細分化

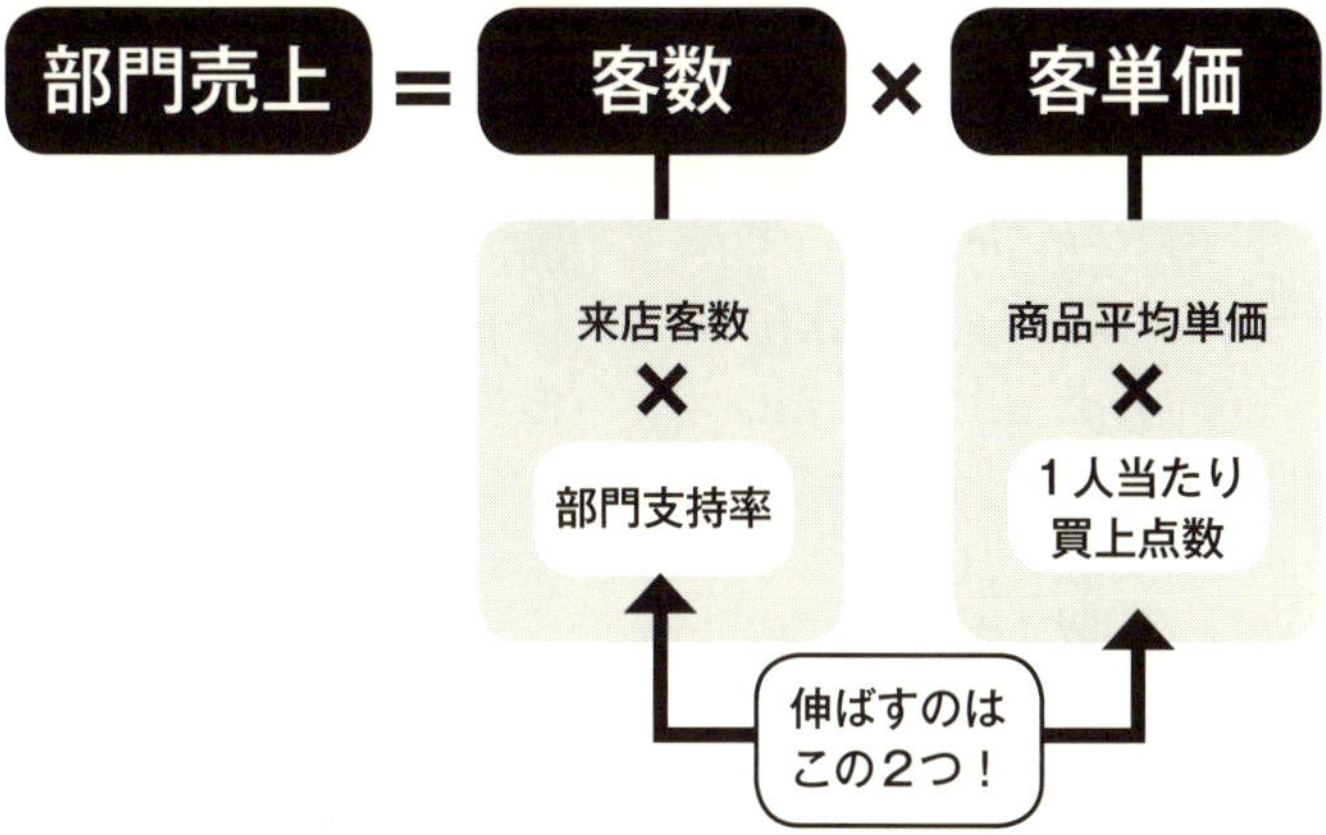

他方、総菜の部門支持率を33％に上げることができれば、来店客数は１０００人のままでも、総菜を購入するお客は３３０人になります。

売上を増やそうというときは、来店客数を上げることばかりに目を奪われがちです。しかし、実際の売上は、来店客数だけではなく、部門支持率との相関によって成り立っていることをまず覚えてください。

その上で言えることは、中長期的に見たときに、人口減少や競争環境の厳しさを勘案すると、来店客数は今後減ることはあっても、増やすことは難しいという事実です。来店客数を増やせない以上、**今後も売上の伸びが期待でき、粗利益率の高い総菜の部門支持率を引き上げることにより、来店客数の減少をカバーするのが得策**ということです。

もうひとつの要素である客単価を見ると、「商品平均単価」と「1人当たり買上点数」から成り立っています。

競争の厳しさや、根強い消費者の低価格志向を踏まえると、商品平均単価を上げるためには、会社全体で戦略的に取り組まなくてはなりません。しかし、買上点数を増やすのであれば、総菜部門単独で、すぐにでも着手することができます。

店の売上と利益を増やすカギとなるのは、総菜の部門支持率を高め、1人当たりの買上点数を増やすことなのです。

トップ10商品と看板商品の重要性

総菜の部門支持率を高め、1人当たりの買上点数を増やすためには、総菜売場に立ち寄らないお客を新たに呼び込むとともに、すでに利用しているお客の購買頻度を高めることが必要です。

具体的な取り組みは次の2点です。

①現在の売上トップ10商品の把握と強化
②トップ10商品の中で、顧客の圧倒的な支持を得られる「看板商品」の育成

総菜の売上を増やそうとする際に、よくある失敗例として挙げられるのは、場当たり的な新商品の投入、あるいは、安易な売場の拡大です。

新商品を投入したり、売場を広げたりすると、確かに売上は多少増えます。

しかし、仮に品揃えを2倍に拡充したところで売上は2倍になりません。同様に売場を2倍に拡大したところで、やはり売上は2倍にならないでしょう。多くの場合、品揃えを増やしたところで、ヒット商品が生まれる可能性は低く、売上の伸びない商品が売場にあふれることになります。売場を拡大するにしても同様です。広げた売場を埋めるために、新たな商品を投入しなければならないからです。いままでにない商品を揃えたところで、売上に大きく貢献することはないのです。

多少売上がアップするとしても、品数を増やすとその分、製造するための人時が増加します。手間がかかるうえ、コストも余計にかかるのです。つまり、品揃えを増やしたり売場を広げたりするほど効率が落ちるということになります。

総菜は時間経過とともに鮮度は落ち、見た目も悪くなり、味も劣化します。すると、ますます売れなくなります。たとえ、売れたとしても、おいしくない

図表④ ある食品スーパーの売上トップ10商品

売上順位	商品名	売上構成比
1	握り寿司（花）	4.4%
2	ロースとんかつ	3.2%
3	コロッケ	2.9%
4	季節の海鮮天重	2.5%
4	海苔鮭弁当	2.5%
6	かつ丼	2.2%
7	握り寿司（竹）	2.1%
8	海鮮寿司８貫	1.9%
9	若鶏のから揚げ	1.8%
10	まぐろ＆ネギトロ丼	1.7%

ので顧客満足度は下がってしまう可能性が大きくなります。これでは部門支持率を上げるどころか、下げてしまうだけです。

それよりも、**すでにある程度の支持を得ている売れ筋商品をブラッシュアップし、品質を向上させることで顧客満足度を高めることを優先させるべきです。**

図表④は、ある食品スーパーの総菜売場で調査した、売上トップ10商品です。見てわかる通り、定番中の定番商品がずらりと並んでいます。

こうした上位に入る商品は、もう30年以上ほとんど変わっていないといえます。

お客の多くは保守的であり、何十年も変わらず同じメニューを食べているのです。おそらく、こうした傾向は、今後も大きく変わらないでしょう。定番商品の強化こそ重要であることが、おわかりいただけるかと思います。

2 トップ10商品と看板商品の強化

自店のトップ10商品を把握し、評価する

それでは、自店の売上トップ10商品を割り出してみましょう。

その際に必要となるのは、直近の年間もしくは月間の販売実績です。販売数量の多い順に上から10商品を並べてみましょう。**順位は年間ないし月間の数字でつけますが、1日1店当たりの販売数量と販売額を明確にすることがとても重要**になります（図表⑤）。

年間、月間といった大きな括りで数字を見てしまうと、自店の1日の売上や

図表⑤ トップ10商品の評価項目

順位	商品名	PI値		
		全社平均	A店	自店
1	握り寿司（花）	45	39	44
2	ロースとんかつ	42	40	43
10	まぐろ＆ネギトロ丼	15	15	10

PI値 ＝ レジ通過客1000人当たりの購買指数
（販売個数／レジ通過客数）×1000

販売数量が把握できず、販売計画と実績に差が生じやすくなります。これは、総菜部門に限ったことではなく、食品スーパーの業務すべてにあてはまる鉄則ですので、全社的に統一しましょう。

自店のトップ10商品をリストアップしたら、**PI値（Purchase Index、レジ通過客1000人当たりの購買指数）を使って自社の他の店舗と比較し、評価します**（図表⑤）。

自店のPI値と全社平均、および自店と同規模、似たような立地にある店のPI値を比較するのです。

たとえば、全店平均と比較してある特定の商品のＰＩ値が極端に低い場合、自店に何らかの原因があると考えられます。販売する時間がよくないとか、目立たないスペースに並べているなどＰＩ値の低い原因を探り、対処することで売上が増加する可能性があります。

その逆に、他の店ではＰＩ値の低い商品が、自店では高いケースもあります。その場合、特別に商品価値を高めている何らかの要素があると考えられます。その要素を探り出し、強みを再認識することによって、他の商品にも応用できるかもしれません。

次に、商圏内の競合店の状況を調査しましょう。品揃えや品質、売価、販促方法、お客の買上状況などを観察します。この際、すべての商品で上回ろうと意気込む必要はありません。勝負する商品、あえて戦わない商品に分類するなど、強弱をつけることも重要になります。

また、時間帯ごとに来店する客層をよく確認しましょう。開店直後、昼前、昼、夕方、夜と来店するお客は変化します。時間帯によって、量目に変化をつけたり、SKU（単品）の幅を広げたりする工夫が必要になるでしょう。

トップ10商品を強化する

自店のトップ10商品の状況、自社のほかの店との比較、商圏内にある競合店との比較によって、自店の強みと弱みを把握したら、強化プランを立てます。**強化プランは、トップ10商品の売上高を部門総売上高の30％とすること**を目安にします。

平均的な店の場合、総菜部門におけるトップ10商品の構成比は20％前後です。上位商品は利益率が高い商品であることが多いので、これを30％まで引き上げることができれば、売場の販売効率も高まるはずです。

具体的には、トップ10商品の中で強化する商品を選び、順繰りに販売計画に基づき販促を実施していくのです。たとえば、毎月第2週の土日に販促を実施する計画を立て、当面は、「握り寿司」、「かつ丼」、「コロッケ」、「若鶏のから揚げ」を強化商品として絞り込みます。1月は握り寿司、2月はかつ丼、3月はコロッケ、4月は若鶏のから揚げというように販促を行い、一巡したら、5月は再び握り寿司というように、目標を達成するまで継続して実施するわけです。販売計画については、第2章で詳しく説明します。

繁盛店に共通する3つの特徴

いわゆる繁盛店と呼ばれるお店を調べてみると、商品づくりに関して3つの共通する特徴があることがわかりました。

1つめは、店の顔になるような「看板商品」を持っていることです。来店したお客の多くが買っていく、あるいは、お客が足を運びたくなるような商品ですね。

佐市（宮城県／佐藤啓二社長）が運営する食品スーパー「主婦の店さいち」（宮城県仙台市）は、売場面積が約80坪と小型ながらも、年商8億円を計上しています。つまり、1坪当たり年間売上は1000万円です。業界平均は300万円台ですから、いかに繁盛しているかわかります。

繁盛している理由は、総菜にあります。食品スーパーでありながら、総菜部門の売上が店全体の65％を占めているのです。なかでも、看板商品となっているのがおはぎです。平日では1日約6000個、土日になると約1万個が売れます。おはぎだけで総菜売上高の65％、じつに店全体の売上の40％を超えており、看板商品として、店全体の売上を支えているのです。

2つめは、〝外れ〟の商品が少ないことです。いかに繁盛店でも一品だけで経営は成り立ちません。看板商品を中心に複数の商品を揃えることで、幅広い客層のニーズに対応しています。そのすべてが看板商品のように差別化されていなくても、相応に品質が保たれており、どれをとってもそれなりにおいしく、決して期待を外しません。ゆえに、看板商品とともに、そのほかの商品が「ついで買い」されやすいのです。

結果として、「客単価が高い」ことが3つめの特徴になります。

食品スーパーの総菜の客単価が500円前後、総合スーパー（GMS）が600円前後であるのに対して、繁盛店はそれを大きく上回ります。佐市の場合は、総菜の客単価が1200円を超えています。つまり、繁盛店は総菜の部門支持率が高く、1人当たり客単価も高いことが多いのです。

看板商品の条件は4つ

トップ10商品の強化を進める中で、看板商品をつくることを次のステップにしましょう。

看板商品となりえる総菜の条件は４つあります。

1つめは、食卓での出現頻度が高いことです。食品スーパーは、毎日の食卓に上る食材を提供することにこだわり、ハレの日向けの商品はできるだけ避けるべきです。夕食のローテーションに入るような定番メニューを看板商品にするといいでしょう。こうした商品は、マーケットも大きいと言えます。

2つめは、総菜として食べられる比率が高いことです。家庭で料理するには手間がかかり過ぎる、専門の調理器具が必要となる、原材料の入手が難しい、調理コストが高い、一定の調理技術が求められるなど、なんらかの理由によって家庭でつくることが敬遠される商品が看板商品になりやすいと言えます。

よい例が、総菜の定番であるメンチカツです。メンチカツをつくるためには、玉ねぎを炒めてやわらかくしていったん冷ます、ひき肉を混ぜて成形する、パン粉をつけて油で揚げるなど、いくつもの工程を経る必要があります。玉ねぎとひき肉を合わせたものを焼けばハンバーグができるのに、さらにパン粉をつけて揚げるという手間をかけてまでメンチカツをつくる人は多くありません。その証拠に、素材がほぼ一緒であるハンバーグは総菜としてはあまり売れないのに対して、メンチカツはよく売れるのです。

同じく、焼き鳥やシュウマイなど、家庭では調理しにくい商品が総菜として売れる傾向にあります。一方、麻婆豆腐は簡易調味料と豆腐があればフライパン1つで簡単につくれるために、総菜として売上が伸びないのです。

3つめは、経時変化に強い商品です。総菜の宿命として、出来たてをその場で食べられないことが挙げられます。売場に並べて10分もすれば冷めてしまうので、冷めてもおいしそうに見える、あるいは、実際に食べてもおいしい商品を追求する必要があります。

4つめは、人気の高いメニューであることです。お客は保守的であり、誰もが食べたいと思う商品でなければなかなか買ってくれないものです。商品を見れば味が想像できるものが看板商品の必須条件です。

いまから10年以上前、私が総菜売場の看板商品にしようとチャレンジしたのが「生春巻き」です。味もよく、野菜を摂取できるので健康的であり、中身の具材を変えればバリエーションがいくらでも増やせます。シリーズ商品として定番展開できると考え、販促に力を入れたものの、なかなか定着しませんでした。当時、生春巻きは認知度が低く、多くの人が食べたことがないために定着しにくかったと分析しています。現在は売れ筋に成長しましたが、お客の認知度の低い商品を育成するには、粘り強い努力が必要となります。

看板商品を売る

看板商品を販売する時のポイントは3つです。

1つめは、販売量を重視することです。看板商品は、その商品自体がたくさん売れる必要があるため、販売量を見込めなくてはなりません。

「限定○○個」といった展開では看板商品になりません。限定販売は、目玉になるような商品でお客の関心を引いて、ついで買いに期待するわけですが、総菜でこれをやると余計なコストがかかる上に、ついで買いもさほど期待できません。

2つめは、利益率が高いことです。利益率が高いほど、より多く製造するための人時を投入できますし、品質改善への投資も可能になるため、お客の満足度向上が期待できます。

3つめは、高品質かつリーズナブルな価値で提供することです。家庭では実現できない味付けや食感にこだわりながらも、お客が購入しやすい価格で販売できるからこそ看板商品になりえるのです。

よい例がクリームコロッケです。うまく調理しないと油の中で具材が溶け出してしまうため、家庭でつくるのは難しいのです。このため、総菜売場でよく売れる看板商品になっています。

以上の3つのポイントを心がけ、総菜の素材、製法、味付け、仕上がり、味のバリエーションなどを継続的にリニューアルすることによって、看板商品を育て上げましょう。

3 収益に貢献する商品を見極める

営業利益率に着目する

トップ10商品を強化したり、看板商品を育成したりする際、売上と同様に重要なことがあります。それは、単品の利益を確保することです。

総菜部門には、売上が多いものの、製造コスト負担がかかるため営業利益率の低い商品もあれば、売上は少ないけれど、営業利益率が高い商品もあります。利益に対する貢献度は売上だけでは測れないのです。

総菜は製造コストの比率が高いため、下手をすると売れば売るほど赤字を生

図表❻ 総菜主要商品の営業利益率

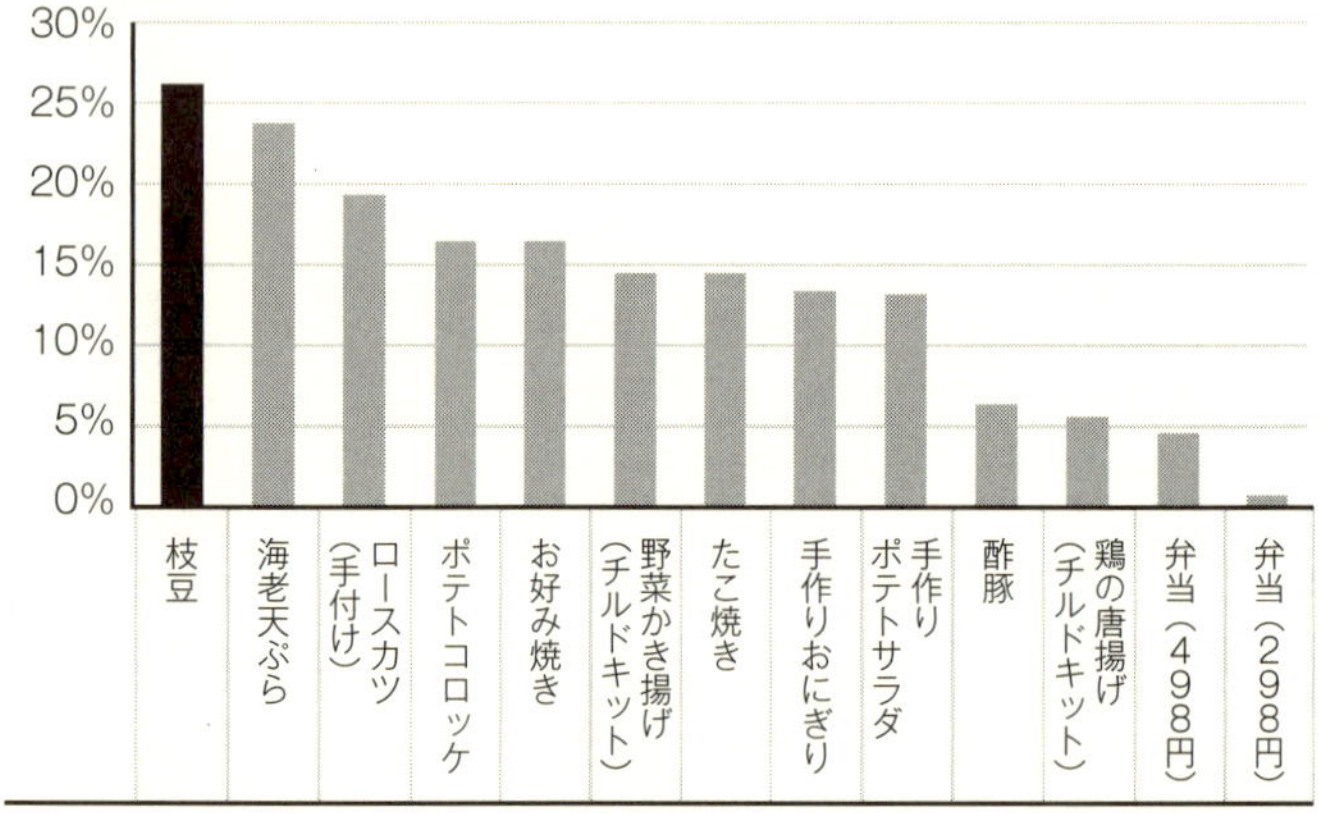

出典：著者がコンサルティングした食品スーパー

むということになりかねません。売上上位の商品であっても、利益に貢献しなければつくる意味がありません。

加えて、一般的に現場で働く人の多くは、コストへの意識が希薄です。効率を重視しないために、働けば働くほど利益が少なくなることもあるのです。

たとえば、弁当は比較的単価が高いので、売上の面で大きく寄与します。しかし、ご飯を炊いて、おかずを一品一品用意し、容器に盛り付けるなど、いくつもの工程を要するためにコスト負担が大きく、利益面での貢献度は低いのが実情です。

ある食品スーパーの総菜の営業利益を分析してみたところ、最も貢献していたのは枝豆でした。枝豆は売価が比較的安く、販売量がそれほど多くないため、あまり注目されることのない商品です。ところが、冷凍で仕入れたものを水で解凍し、塩をふって容器に盛るだけなので製造コストが極めて安く、結果的に営業利益率が最も高かったのです（図表⑥）。

このように売上だけで見ると、実際に利益貢献している商品を見失うこともあります。単品の利益を意識したうえで、強化する商品を判断すべきです。

単品の収益力を計る「FLLコスト計算法」

総菜として販売するまでにかかるコストを、単品ごとに分析する手法として、最も適しているのが「FLLコスト計算法」（図表⑦）です。これは、飲食店経営でよく使われている「FLコスト計算法」をもとに、総菜部門向けに改良したものです。

ＦＬとは、Ｆ＝Food（食材費）とＬ＝Labor（人件費）を足した費用です。これに、食品スーパーで発生する「Loss」（ロス）を加えたものがＦＬＬコスト計算法です。

飲食業の場合、多くは注文を受けてから商品をつくります。そのため、値下げや廃棄ロスを事前に含めなくてもよいかもしれません。しかし、食品スーパーの総菜売場では、お客がセルフで選べる量の商品を並べておかなければならないので、最初からロスを想定して値入れする必要があります。

一般的な食品スーパーの総菜部門のロス率はおおよそ10％強と言われています。私はこの比率を７％に引き下げることを提案しています。

しかし、ロス率を無理やりゼロに近づけようとすれば、売場の従業員が廃棄ロスを避けるため、製造量を減らしてしまうかもしれません。そうならないように７％を許容範囲として、現在のロス率を減らせばよいと考えています。

それでは、単品ごとの収益を分析するために、バラ販売の海老天の事例をもとに、ＦＬＬコスト計算法の使い方を見ていきましょう。

①フードコスト（原材料コスト）を算出する

原材料コストの中で多くを占めるのは食材ですが、それだけではありません。揚げ物なら油のコストもフードコストに含みます。さらに、商品を盛り付けるトレーなどもフードコストとして計算します。

②想定ロス額を算出する

ロス額は日々異なるので、想定ロス額を当てはめます。想定ロスは率換算で7％前後を目標にします。

③1時間当たりの人件費を算出する

1時間当たりの人件費は、各社異なりますので、基準とする数値を当てはめます。１２００円前後が平均的な数値といえるでしょう。

④1時間当たりの製造数量を算出する

1時間当たりの製造数量を単品ごとに割り出します。もっとも正確なのは、実際の製造時間を計測して、1時間の製造数量を算出することです。

⑤直接人件費を算出する

商品を製造するための人件費を次の計算式で求めます。

直接人件費＝1時間当たりの人件費（③）÷1時間当たりの製造数量（④）

⑥間接人件費を算出する

間接人件費とは、総菜の製造工程に直接関わらない人件費のことです。たとえば、原材料の発注、荷受け、入庫、品出し、清掃、翌日の準備といった業務です。可能であれば、作業にかかる総時間を計測し、間接人件費率を算出してください。

すぐ計測できなければ、総人時のうち、総菜製造に直接関わる人時（直接作業時間の比率）を55％、間接的に関わる人時を45％として計算してみましょう。

これは、ある食品スーパーで実測して割り出した数値です。この比率は多少の違いはあると思いますが、それほど大きく外れていないはずです。

間接人件費は次の計算式で導きます。

間接人件費＝直接人件費（⑤）÷0・55（直接作業時間の比率）－直接人件費（⑤）

⑦FLコストを算出する

売上から、フードコスト（①）と人件費〈直接人件費（⑤）＋間接人件費（⑥）〉を足して算出します。

⑧固定費を算出する

フードコストと人件費以外の固定費を計算します。FLLコスト計算法では、フードコストと人件費以外のコストを「固定費」とみなしています。具体的には、賃貸料、本部費、広告費、販売促進費、光熱費などが挙げられます。

⑨総菜単品の営業利益を算出する

図表❼ FLLコスト計算法

事例：売価180円の海老天の場合（インストア製造）

□内に自店の数値を入れる ※カッコ内の比率はロス額を差し引いた売上(B)に占める割合

	項目	計算方法	金額(円)	率(%)※	計算式
A	売価		180		
B	売上	A−E	168		売上額−ロス額
C	原材料原価	①	90	50.0	原材料原価率＝(原材料原価額÷売価)×100
D	値入額		90	50.0	値入率＝(値入額÷売価)×100
E	ロス額	②	12	(7.1)	ロス率＝(ロス額÷売上)×100
F	粗利益額	B−C	78	(46.4)	粗利益額＝売上−原材料原価
G	生産性	④	(150)		実測値(1人時間当りの生産個数)
＊	時間当たりの売上金額		(25,200)		売上×1時間当りの生産数量
＊	時間当たりの粗利益額		(11,700)		粗利益額×1時間当りの生産数量
H	人件費	③	(1,200)		1時間当りの人件費
I	直接人件費※1、※2	⑤H÷G	8.0	(4.8)	◎1時間当たりの人件費÷1時間当りの生産数量 ◎時間単価÷3600秒×製造時間
J	間接人件費※1、※3	⑥I÷0.55−I	6.5	(3.9)	人件費の45%
K	FLコスト	⑦C+I+J	104.5	(62.2)	原材料原価＋人件費
L	固定費※4	⑧	33.6	(20.0)	各社の基準
M	利益(営業利益)	⑨F−I−J−L	29.9	(17.8)	100−FLコスト率−固定費率

■FLLコストの計算方法

①フードコスト（原材料コスト）を計算する（原価の積み上げ）
②想定のロス額を決める…想定されるロス、またはあるべきロス
③1時間当りの人件費を算出する…各店舗の損益計算書から
④1時間当りの製造数を算出する…単品別に検証
⑤直接人件費を算出する…③÷④
⑥間接人件費を算出する…⑤÷0.55−⑤
⑦FLコスト率を算出する…(①＋⑤＋⑥)÷売上
⑧固定費率を算出する…各店舗の損益計算書から
⑨単品の営業利益率を算出する…100−⑦−⑧

※1直接人件費と間接人件費の比率は55対45とする
※2直接人件費は実際の製造にかかるコスト
※3間接人件費は商品を製造工程では直接関わらない人件費
※4固定費とはお店にかかるコスト（経費）から人件費を引いた金額

■単品当たり営業利益率計算式（FLLコスト計算式）

100−FLコスト率−固定費率

最後に、単品の営業利益を算出します。計算方法は売上から、ＦＬコスト⑦と固定費⑧を差し引いて求めます。

単品の営業利益率＝100－ＦＬコスト率⑦－固定費率⑧

生産性を高め、収益改善をねらう

詳しくは第3章で述べますが、儲かる総菜売場をつくるためには、生産性を向上させることが非常に重要になります。

しかし、ＦＬコスト計算法で営業利益を割り出してみたら赤字だったという場合でも、「儲からない商品」と判断するのは早計です。同じ商品でも生産性を改善することで収益力を高めることが可能だからです。

たとえば、弁当は意外に利益が残らない商品だと説明しましたが、工夫する余地は十分にあります。

私がコンサルタントをしていた食品スーパーでは、298円という安さがウリの弁当を販売したところ、大ヒットしました。売上は急激に伸びたのですが、肝心の利益がなかなか残りません。収益を分析してみると、1個当たり18・5円もの赤字を出していたのです。赤字の理由は、従業員の製造技術の未熟さにありました。製造する弁当の数量が、1人当たり1時間に24個にとどまっていたのです。

そこで、従業員に技術指導するなどの改善策を講じたところ、1時間に38個製造できるようになり、1個当たり15円の利益を生み出すようになったのです。さらに、1時間に48個製造できるほど従業員の技術が上がると、1個当たりの利益が30円にまで伸びたのです。

このように**収益を単品で分析し、収益性が低い商品の販売をすぐにやめるのではなく、原材料や製造工程を見直すことによって、収益性を高めることを検討すべき**です。

第2章

課題の多くは「販売計画」で解決できる

1 計画に則って作業を進める

計画がなければ、売場改革は進まない

第1章では、儲かる総菜売場をつくるための方法を、商品と収益性の面から見てきました。商品をブラッシュアップして「看板商品」を育てること、そして、利益を確保するために総菜単品の収益性を分析し、生産性を向上させることが何より重要であることがおわかりいただけたかと思います。

しかし、こうした取り組みにもかかわらず、総菜売場の売上が増えない、もしくは一時的に売上は伸びても維持できないという悩みをよく聞きます。

総菜売場の改革が進まない、売上が伸びないのはなぜでしょうか。

その理由は、計画が存在しないか、もしくは計画に沿った売場になっていないからです。食品スーパーの総菜部門の約7割が、仕入計画も販売計画も立てないまま売場を運営していると言われています。

実に不思議なことですが、多くの中小規模の食品スーパーの総菜売場は、計画を立てずに商品を製造、販売しているのです。「毎日営業して、経営的に成り立つのなら、それでよいのではないか」という見方もできるかもしれません。

しかし、これは大きな間違いです。

昨日と同じ原材料を仕入れ、総菜を製造し、売場に並べているだけでは、お客の部門支持率は上がりません。もし、競合店がオープンしたり、新しい売場にリニューアルしたりした場合には、部門支持率を失うことになるでしょう。

部門支持率の低下を食い止めるための対策を立てようにも、ベースとなる計画がなければ効果を測定できません。何度チャレンジしても、結局、もとの売場に戻ってしまうでしょう。売場の課題を解決できないまま、延々と同じことを繰り返すことになります。

このように多くの食品スーパーの現場では、計画を立てずに、その場の対応で乗り切ることが習慣化しています。しかし、それでは根本的な売場の改革はできません。計画に則り仕事を進めていくように、早く切り替える必要があります。

まずは販売計画を策定する

計画を立てずに、これまで日々同じ仕事を繰り返してきた従業員に、突然、「計画に則って仕事をしましょう」と言っても、何から手を付ければよいのかわからないかもしれません。

まずは、いつ、どんな商品を、いくつ販売するという販売計画の策定から着手するべきです。

食品スーパーにおける計画には、商品政策（Merchandising：以下、ＭＤ）の計画や予算計画、仕入計画、作業計画、販売計画などさまざまなものがあります。中でも店舗の総菜部門において、もっとも重要となるのが販売計画です。

もし販売計画を策定しなければ、売場はどうなるでしょうか。

作業計画が立てられず、人員配置もできません。それでも、シフトは決まっているので現場には従業員がいます。結果として、従業員の数に合わせて仕事を用意することになります。販売計画をもとに必要な人員を配置しているわけではないので、商品を過剰につくったり、欠品させたりすることが頻繁に起こります。

さらに、原材料の発注においても支障がでます。「明日○○個販売する」という計画がないので、発注量をすぐに決められません。そこで、いつもと同じ量を機械的に発注することしかできなくなります。

すると、売れ行きに応じて製造量を変えられないため、売れ筋を多く用意したり、死に筋をカットしたりすることができないという状況に陥ります。パート従業員だけで売場を回すことが難しいため、チーフが管理していないと売場が維持できません。結果として、チーフは毎日朝から晩まで働き詰めとなってしまいます。

このように販売計画がなければ、悪循環を繰り返すことになります。総菜部門の課題の8割は、販売計画を立案することで解決すると言ってもよいでしょう。まず販売計画を立て、それに見合う人員を配置し、売れ行きを予測し商品を製造することから始めましょう。

本部の計画を自店でカスタマイズする

本部の指示通りに売場をつくっているにも関わらず「売場に変化がない」と

言われてしまう、と現場の従業員から聞くことがあります。

そう言われるのは、指示に従っているだけだからです。本部が指示するのは、あくまで会社全体としての計画です。本部の指示を実行することに加え、店舗では自店の状況に合わせて売場の最適化を図る必要があります。

したがって、本部の決めたＭＤ計画と予算計画をもとに、それぞれの店で、立地や競争環境の違いなどを考慮して、カスタマイズされた販売計画に落とし込まなければなりません。

販売計画の前提として、年間52週分のＭＤ計画に従った商品計画と仕入計画、年間・月間の予算計画が必要となります。通常、流通企業の年間のＭＤ計画については商品部が、予算計画については販売部や店舗運営部といった部署が作成し、各店に指示を出しています。

そこで、各店の売場では、本部作成の計画をベースに、より詳細な計画を立案していくことになります。企業によって異なりますが、年間、四半期、月間、週間の計画は本部の担当であり、日々の計画、時間毎の計画に落とし込んでいくのが各店・各売場の役割になります。

2

計画書を作成する

計画書があれば、仕事の効率が上がる

計画に則った作業をするためには、まず計画書をつくることに慣れなくてはなりません。

「忙しくて、計画書をつくる時間がありません」という従業員がいます。確かに、総菜売場の従業員は多忙です。目の前の仕事で手一杯なのに、計画書をつくることにうんざりする気持ちもわかります。

しかし、忙しいからこそ、計画書をつくってほしいのです。

図表8 総菜部門が作成すべき計画書

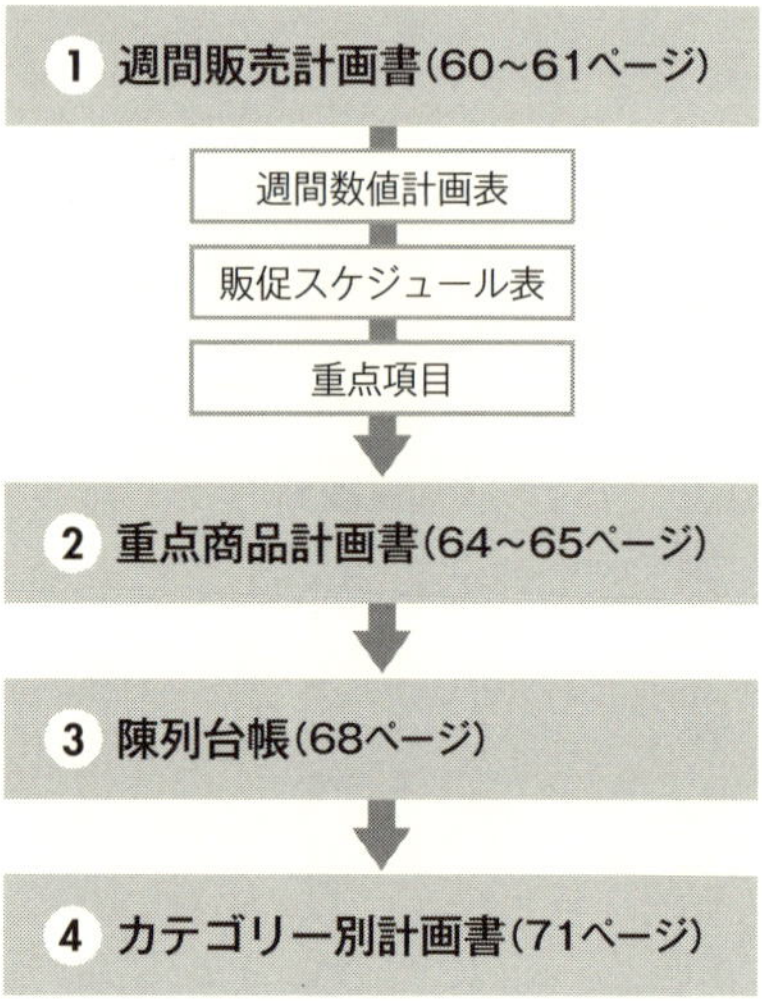

なぜ忙しいのでしょうか、なぜ時間がとれないのでしょうか。それは、仕事に計画性がないからです。

計画がないために、部門チーフが張り付いていないと売場を維持できません。パート従業員に役割分担できず、チーフが多くの業務を抱えてしまうのです。

計画に則り作業をすることで、仕事の効率が上がり、時間の余裕が生まれ、結果的に作業負担の軽減につながります。

ここで大事なことは、**計画を必ず**

書面に落とし込むことです。そうすることで結果の検証ができ、その後の計画の精度が高まります。また、計画書が存在することで、チーフの意思がスタッフに伝わりやすくなります。

週間販売計画書を1枚にまとめる

店舗では、まず1週間（7日分）の売上目標や販促スケジュールを**「週間販売計画書」**で確認します。ただ、MD計画や予算計画は、天候の変化や突発的なブーム、原材料価格の高騰などによる計画変更が適宜なされるため、計画書の確定版は、2週間前に本部から店舗に通知されるのが一般的です。したがって、実際の週間販売計画書の立案は、確定版が届いてすぐに行うのがよいでしょう。

週間販売計画書は、次の3つから成り立っています。

①週間数値計画表
②販促スケジュール表
③重点項目

まずは、本部の定めた予算計画を、店の実情を反映して週間単位の数値計画に落とし込み、**週間数値計画表**をつくりましょう。具体的には週間総予算を日ごと（曜日ごと）に割り振り、さらに、カテゴリーごとに細分化していきます（図表⑨）。

日ごと、カテゴリーごとの計画値の割り振りの比率は、前年の同週の実績を参考にしたうえで、年間行事や催事の計画などを加味して調整します。本部のMD計画に記載があるはずなので、それを参考にしましょう。

一般的には、本部では総菜部門全体の総予算を決めても、カテゴリー別に予算を配分しないことが多いようです。しかし総菜は、カテゴリーごとに商品の製造、陳列、管理、発注などの方法が異なります。店では必ず、カテゴリーごとにマネジメントすることを心掛けてください。

なにはさておき、計画書を一度つくってみることが重要です。初めての場合には、昨年実績と同じように、週間予算計画値を機械的に割り振るだけでもかまいません。実施してみて、計画値と実績値に差が生まれることを理解すべきです。経験を積めば、少しずつポイントを掴むことができるので、計画の精度が高まるはずです。計画に則った作業を継続することでスキルが育つのであり、そうしない限り精度は高まりません。

また、毎週、計画書をつくるのは面倒でも、一度、表計算ソフトでひな形をつくれば、あとは数字を替えるだけでいいのです。継続するほど作業に慣れ、データも蓄積されていくので手間がかからなくなるはずです。

週間数値計画表ができたら、次に、本部が作成した週間のMD計画をベースにして、その週のチラシ掲載商品や特売品などの**販促スケジュール表**をつくります（図表⑩）。

販促の有無によって売上は大きく変動します。そのため、部門全体で意思統一を図り、事前に抜かりなく準備しましょう。機会損失が発生しないよう、スケジュールを書面にわかりやすくまとめる必要があります。

そして、その週の重要な注意事項をまとめた**重点項目**を加えて、週間販売計画書を完成させます（図表⑪）。

このときに重要なのは、**数値計画表、販促スケジュール表、重点項目を1枚にまとめる**ことです。

食品スーパーに限らず、**業務上の書類は可能な限り簡素化するのが鉄則**です。シンプルかつわかりやすく情報を整理することで、迅速な判断が可能になり、従業員間の意思疎通が容易になるのです。

逆に、複数ページにまたがっていると思考が分断されてしまい、理解するのに時間がかかります。数値計画表と販促スケジュール表は連動しており、1枚

図表❾ 週間数値計画表を作成する

曜日	合計	月	火	水	木	金	土	日
前年同週					①			
予算計画	②				③			
温総菜								
冷総菜	④				⑤			
弁当								
寿司								

①前年同週の販売数量を記入
②本部から指示された週間総予算を記入
③前年実績をベースに、総予算を曜日ごとに割り振る
④前年実績をベースに、総予算をカテゴリーごとに割り振る
⑤予算計画を曜日ごと、カテゴリーごとに落とし込む

図表❿ 販促スケジュール表を作成する

区分	ライン	商品名	単価	売価	月	火	水	木	金	土	日
①	②							③			

①「チラシ掲載」「特売」など販促内容を記入
②「寿司」「弁当」「サラダ」など対象商品の分類を記入
③販促実施日に○印を記入する

	合計	構成比	予算	予算比	昨年実績	昨年比
	4,275	100.0%	3,900	110%	3,850	111%
	1,742	40.7%	1,500	116%	1,500	116%
	610	14.3%	500	122%	500	122%
	1,024	24.0%	1,000	102%	1,000	102%
	899	21.0%	900	100%	850	106%

	月	火	水	木	金	土	日
	○	○	○	○	○	○	○
	○	○	○	○	○		
						○	○
	○	○	○	○	○		
						○	○
						○	○
						○	○
	○	○	○	○	○		
	○	○	○	○	○	○	○
						○	○
						○	○
						○	○

- 日没時間が遅くなりお客の来店時間に変化がでる。
  夕方に販売強化する商品を明確にしピーク時に売り込む
- 気温の上昇に合わせて食中毒のリスクが増大する。
  冷蔵庫、冷凍庫、調理場、ストック場の5Sの徹底を図る

図表⑪　週間販売計画書

週間販売計画書

数値計画表　　単位：千円

日	13	14	15	16	17	18	19	
曜日	月	火	水	木	金	土	日	
合計	572	520	611	572	560	660	780	
温総菜	230	208	244	230	220	260	350	
冷総菜	85	78	92	85	80	90	100	
弁当	143	130	153	143	145	160	150	
寿司	114	104	122	114	115	150	180	

販促スケジュール表

		日			
		曜日			
区分	ライン	商品名	単位	売価	
広告	唐揚	和風竜田揚げ	100g	98円	
重点	天麩羅	海老かき揚げ	1枚	100円	
重点	天麩羅	天麩羅盛合わせ	1盛	398円	
広告	弁当	カツ丼	1パック	380円	
重点	弁当	うどんカツ丼セット	1パック	380円	
重点	弁当	うどん天丼セット	1パック	380円	
広告	寿司	旬にぎり寿司16貫	1パック	980円	
重点	寿司	大阪寿司詰合せ	1パック	480円	
広告	サラダ	男爵ポテトサラダ	100g	138円	
重点	フライ	かにクリームコロッケ	1個	100円	
重点	フライ	帆立クリームコロッケ	1個	100円	
重点	フライ	海老クリームコロッケ	1個	100円	

重点項目

- 気温の上昇に合わせて涼味商品の品揃え拡大と打ち出しを強化する（冷麺、かき揚げ、セット弁当、サラダなど）
- ゴールデンウィーク後の節約メニューとして割安感のある商品の打ち出しを強化する（カツ丼、セット弁当、大阪寿司、鶏竜田揚げなど）

にまとめることで2つの表が連動していることを視覚的に理解することができるのです。

重点商品の販売計画書を作成する

週間販売計画書の次に、**「重点商品計画書」**を作成します（図表⑫）。

重点商品とは、店の顔となるような戦略的な商品や、その季節に売り込むべき商品です。部門全体の売場を活性化させるとともに、売上を牽引する重要な役割を担います。

したがって、重点商品をメーンに売場を展開することが販売計画の重要なポイントになります。そのため、部門全体の販売計画とは別に、重点商品計画書が必要になるのです。

重点商品は、本部から指示された52週のＭＤ計画の中で、カテゴリーごとに設定されている場合が多いようです。しかし、重点商品を店舗で決定するとしたら、どうすればよいのでしょうか。その際は、必ずしも毎週、目玉商品を用意する必要はありません。ふだん販売している定番商品のひとつを重点商品と位置付ければよいのです。

重点商品の前週の実績をベースに、チラシや店内販促を実施した場合に期待できる販売数量と販売額を上乗せした目標値を設定します。

おいしく仕上がるように製造方法を見直したり、味のバリエーションを増やしたり、ＰＯＰで訴求したりして重点商品を売り込みましょう。これまであまり目立っていなかった定番商品が、集客力のあるヒット商品に生まれ変わる可能性もあります。

また、ふだんはスポットの当たらない商品を選び、売り込むことでお客の認知度を高めることもできるでしょう。重点商品として販促する期間を過ぎても、売上の高止まりを期待できるかもしれません。

「和風竜田揚げ」と「男爵ポテトサラダ」は 100g 当たり

	木	金	土	日	合計
	20	20	30	40	180kg
	19,600	19,600	29,400	39,200	176,400円
	80	60			400個
	8,000	6,000	0	0	40,000
			30	50	80
	0	0	11,940	19,900	31,840
	40	40			230
	15,200	15,200	0	0	87,400
			30	50	80
	0	0	11,400	19,000	30,400
			30	50	80
	0	0	11,400	19,000	30,400
			20	40	60
	0	0	19,600	39,200	58,800
	30	30			160
	14,400	14,400	0	0	76,800
	10	10	14	18	80kg
	13,800	13,800	19,320	24,840	110,400
			200	300	500個
	0	0	20,000	30,000	50,000
			150	200	350
	0	0	15,000	20,000	35,000
			150	200	350
	0	0	15,000	20,000	35,000
	71,000	69,000	153,060	231,140	762,440
	570,000	560,000	650,000	770,000	4,250,000
	12.5%	12.3%	23.5%	30.0%	17.9%

図表⑫ 重点商品計画書　※売価は1個または1パック当たり。

商品名	売価	月	火	水	
和風竜田揚げ	98	20kg	20	30	
		19,600円	19,600	29,400	
海老かき揚げ	100	80個	80	100	
		8,000	8,000	10,000	
天麩羅盛合わせ	398				
		0	0	0	
かつ丼	380	50	40	60	
		19,000	15,200	22,800	
うどんカツ丼セット	380				
		0	0	0	
うどん天丼セット	380				
		0	0	0	
旬にぎり寿司16貫	980				
		0	0	0	
大阪寿司詰合せ	480	30	30	40	
		14,400	14,400	19,200	
男爵ポテトサラダ	138	10kg	6	12	
		13,800	8,280	16,560	
かにクリームコロッケ	100				
		0	0	0	
帆立クリームコロッケ	100				
		0	0	0	
海老クリームコロッケ	100				
		0	0	0	
重点商品合計		74,800	65,480	97,960	
総菜部合計		570,000	520,000	610,000	
重点商品構成比		13.1%	12.6%	16.1%	

とはいえ、重点商品計画の策定は難易度が高いと思われます。販促を実施した時の売上の上乗せ分を予測することが難しいからです。当然ながら、経験がなければ目安を立てることはできません。そのため、部門チーフが目標値を設定する必要があります。

重点商品の販売計画値の設定は「部門全体の売上に対して○○%」と決めましょう。そのほうが、部門全体における重点商品の売上貢献度を計測しやすくなります。

重点商品計画書をつくるのはハードルが高いと思いますが、売上を増やすためには不可欠になります。必ず作成しましょう。

陳列台帳に基づき売場をつくる

続いて、週間販売計画書と重点商品計画書をもとに**「陳列台帳」**を作成します。

陳列台帳とは、カテゴリーごとに売場に並べる商品、ＳＫＵ数、尺数、場所などまとめた展開図です（図表⑬）。重点商品を効果的に訴求することや、従業員の作業のしやすさ、お客の回遊性などを考慮して配置を考えましょう。

チーフはこの陳列台帳を通じて、パート従業員に総菜部門のあるべき売場を伝えるようにしましょう。陳列台帳を共有できれば、チーフが一人ひとりに指示する必要がなくなります。また、あらかじめ商品を並べる場所が定められているため、陳列量を把握しやすくなります。売場メンテナンスの負担軽減につながるでしょう。

全従業員で共有するカテゴリー別計画書

陳列台帳とともに、全従業員が毎日共有すべき作業計画書が「カテゴリー別

図表⑬ 陳列台帳の例

寿司コーナー（10尺2段）

<table>
<tr><td>海鮮大漁
寿司
680円
1F</td><td>鮪づくし
寿司
680円
1F</td><td>単品寿司
（鮪、鮭、
穴子）
250円
各1F</td><td>納豆巻
（3本、
1.5本）
360円、
180円
各1F</td><td>干瓢巻
（3本、
1.5本）
360円、
180円
各1F</td><td>太巻
（1本、
ハーフ）
480円、
250円
各1F</td><td>鯖の
押し寿司
398円、
200円
各1F</td><td>いなり
寿司
（8個）
398円
1F</td><td>いなり
寿司
（3個）
150円
2F</td></tr>
<tr><td colspan="2">握り寿司 竹
寿司
480円
2F</td><td>旬握り
寿司
16貫司
980円
1F</td><td>ねぎとろ
中巻
398円</td><td>ねぎとろ
中巻
200円</td><td colspan="2">大阪寿司
480円
2F</td><td>大阪寿司
300円
1F</td><td>旬菜ばら
ちらし
寿司
398円
2F</td></tr>
</table>

温総菜（パック販売）（6尺2段）

桜海老 ちぎり 揚げ 大、小 198円、 398円 1F、2F	チキン 南蛮 1枚、2枚 198円、 398円 2F、3F	レモン チキン 3本、5本 180円、 298円 2F、3F	肉じゃが 大、小 198円、 398円 2F、3F	酢豚 大、小 198円、 398円 1F、2F
天ぷら 盛り 合わせ 1パック 398円 2F	真いか 唐揚 中、小 198円、 298円 2F、1F	鶏竜田 揚げ 大、中、小 198円、 298円、 398円 2F、2F、 1F	たこ焼き 5個、8個、 12個 198円、 298円、 398円 1F、2F、 1F	焼き餃子 5個、 10個 200円、 398円 2F、2F

催事コーナー（4尺）

照り焼き チキン 150円 バラ売り 2尺	照り焼き チキン（塩麹） 150円 バラ売り 2尺

※F＝フェース数

計画書」です。週間販売計画書をカテゴリーごとに分類し、営業時間内の各時間帯に応じた製造・販売数量を具体的に記したもので、製造計画と販売計画を兼ねています。

カテゴリー別計画書の作成方法を見ていきましょう。

図表⑭は米飯カテゴリーの計画書です。まず、前年実績をもとに、その日に製造する商品と販売数量を決定します。次に、開店から閉店まで、4つの時間帯に分けて、製造する商品と数量を決めていきます。そして、この計画に合わせ、製造と販売に必要な人時数を割り出します。

計画を実行する際は、実際の売れ行きに応じて製造数量を柔軟に変更します。機会ロスと廃棄ロスの少ない、効率のよい売場をめざしましょう。

ただし、**計画書の作成や、製造数量の調整をチーフ1人に任せることは避けましょう。チーフの業務負担が大きくなってしまうからです。カテゴリー別計画書の策定については、各カテゴリーのパート従業員にも分担してもらうべき**

です。

そのためには、パート従業員に一日の製造計画と販売計画の策定、そして人員を配置できるスキルを身につけてもらわなければなりません。これまで説明してきた週間販売計画書や重点商品計画書とともに、カテゴリー別計画書の意味をチーフ自らわかりやすく説明する必要があるでしょう。

また、計画書は「提出すること」ではなく、「使うこと」を目的とし、短時間で作成できるものにするべきです。チーフが計画書のひな型を作成し、その後はパート従業員の意見を反映させるなど、パート従業員を巻き込み、計画の策定を進めましょう。

図表⓮ カテゴリー別計画書

米飯カテゴリー製造・販売計画書							
商品名	売価	製造個数					
		合計	開店前	12時まで	16時まで	18時まで	販売金額
かつ丼	398	48	12	12	12	12	19,104
かつ丼(小)	298	24	12		12		7,152
天丼	398	24	12	12			9,552
天丼(小)	298	12	6	6			3,576
海苔鮭弁当	398	30	6	18	6		11,940
春満載幕の内弁当	498	12		6	6		5,976
うどん天丼セット	398	20	10	10			7,960
うどんかつ丼セット	398	20	10	10			7,960
ハンバーグ弁当	498	12	6	6			5,976
唐揚弁当	398	12	6	6			4,776
中華弁当	498	12	6	6			5,976
オムライス	398	12		12			4,776
太麺ナポリタン	298	12		12			3,576
太麺ナポリタン(小)	198	12		12			2,376
ソース焼きそば	298	20		20			5,960
ソース焼きそば(小)	198	20		20			3,960
炒飯	298	12		12			3,576
赤飯	398	12		12			4,776
赤飯(小)	250	6		6			1,500
バラ販売合計		332	86	198	36	12	120,448

単位：円、個

3

販売企画で売上拡大をめざす

販売企画の手順

販売計画を策定し、計画通りに部門を運営できるようになったら、さらに一歩進んで、販売企画に取り組んでみましょう。重点商品の販売企画を通して単品売上を拡大したA店の事例をもとに、実際の手順を見ていきます。

ステップ①対象商品の選定と目標値の設定

ふだんとは異なる売り方にチャレンジして、これまでより販売数量を増やす

ことが販売企画のねらいです。そのため、ふだんから販売している定番商品や、比較的好調に売れている商品、競合店や自社店舗と比べて売上が少ない商品など、販売企画の実施前後で比較しやすく、売上の伸びが期待できそうな商品を選ぶべきです。具体的には以下のような商品です。

①ふだんから販売している定番商品
②比較的好調に売れている商品
③業界平均に比べて売れていない商品
④季節・催事にまつわる商品
⑤会社として政策的に強化したい商品
⑥話題になっている商品

対象商品の目標設定の目安は、総菜部門の売上構成比の10%以上にすることです。私の経験上、販売企画を実施して構成比が10%を超えると、部門全体の売上も大きく増加することがわかっています。

【A店の場合】

販売企画の対象商品を「焼き鳥」に設定しました。A店では焼き鳥の売上が1日平均1万円強で、総菜部門の売上構成比の2％にとどまっています。味や品質は悪くないのに、売上が伸び悩んでいるのです。

そこで、1日の売上をふだんの10倍以上となる13万5000円、構成比を12％に引き上げることを目標に販売企画に取り組みました。

ステップ②販売企画の策定

売上を伸ばすためには、商品そのものを大きく変える必要はありません。少し工夫を加えるだけで十分です。

もっとも簡単にできるのが1パック当たりの容量やＳＫＵ数を見直すことです。量目を見直した結果、定番商品がヒット商品に化けることは決して珍しいことではありません。つまり、いま売場に並んでいる商品の容量やＳＫＵが、お客のニーズに合っていないのかもしれないのです。

また、商品の味付けを変えることも効果を期待できます。新しい味に対して、お客は一定の関心を持ちますし、作業工程やコストを大きく見直す必要もなく、従来品を含めて効果的に商品をアピールできます。

POPを変えてみるのも有効です。つくり手側として味や素材、製法などをアピールしているつもりでも、お客にほとんど伝わっていないものです。

販売企画のポイントをまとめてみました。

①容量やSKU数を見直す
②味付けのバリエーションを拡げる
③POPを工夫する
④関連する商品を一緒に並べる
⑤十分な陳列スペースをとる
⑥メニュー提案をする

【A店の場合】

これまでのバラ、５本入りの詰め合わせ（小）、12本入りの詰め合わせ（大）に加え、家族向けに20本入りの詰め合わせ（特大）を追加。さらに、食べ方の提案として焼き鳥を使ったドリアのレシピをＰＯＰで紹介するとともに、子供の注目を集めそうなキャラクターを書き込んだ手書きＰＯＰを用意することにしました。

ステップ③販売企画書の作成と実行

計画を練ったら、**販売企画書**に落とし込みます。企画書はそれほど細かくする必要はありません。図表⑮のように、販売企画のテーマとそのテーマを選定した理由、目標値と実施内容が揃っていれば十分です。

準備ができたら、販売企画を実行します。

図表⑮ 販売企画書

<table>
<tr><td>テーマ</td><td colspan="3">焼き鳥の拡販で売上アップ</td></tr>
<tr><td rowspan="2">テーマ選定理由</td><td colspan="3">①リニューアル後から好調な焼き鳥を拡販することで売上アップをねらう</td></tr>
<tr><td colspan="3">②総菜部門の核商品としてコーナー展開し、育成する</td></tr>
<tr><td colspan="4">販売目標値　※構成比は売上対比</td></tr>
<tr><td>項目</td><td>昨年実績</td><td>本年計画</td><td>昨年比</td></tr>
<tr><td>総菜部門売上高</td><td>537,372円</td><td>1,100,000円</td><td>205%</td></tr>
<tr><td>企画商品売上高</td><td>11,073円</td><td>134,940円</td><td>1219%</td></tr>
<tr><td>企画商品販売数</td><td>20</td><td>480</td><td>2400%</td></tr>
<tr><td>粗利益率</td><td>45%</td><td>42%</td><td>－3ポイント</td></tr>
<tr><td>粗利益高</td><td>4,983円</td><td>56,675円</td><td>1137%</td></tr>
<tr><td>部門内構成比</td><td>2％</td><td>12%</td><td>＋10ポイント</td></tr>
<tr><td colspan="4">実施内容</td></tr>
<tr><td colspan="4">①バラをタレ･ねぎ塩それぞれ４種類ずつ販売</td></tr>
<tr><td colspan="4">②５本入りと12本入り、大家族向けに20本入りの３SKUにて販売</td></tr>
<tr><td colspan="4">③食べ方の提案として焼き鳥を使ったドリアのレシピを作成し、売り場に設置</td></tr>
<tr><td colspan="4">④大きめの手書きPOPを用意。子供が立ち止まるようキャラクターなどを描いてアピール</td></tr>
<tr><td colspan="4">⑤食欲の秋をアピールして12本入り、20本入りを中心に販売。単価アップをねらう</td></tr>
<tr><td colspan="4">⑥同じ平台に国産焼き鳥（新商品）を陳列し、比較して購入できるようにする</td></tr>
</table>

ステップ④結果の検証

計画したことを実行できたかどうか。実行できなかったとしたら、担当の全従業員とともにその原因を突きとめます。また、事前に立てた仮説に対して、実際のお客の反応などを確認します。実施して気づいたこと、次回の販売企画に向けた改善案などを書面にまとめましょう。そして、次回の企画実施へ向けたアクションを行います。

計画に則って販売企画を実施することができれば、企画終了後も、ある程度、効果が持続します。これまでよりも対象商品の認知度が高まったことで、「目的買い」を促せるからです。

【A店の場合】

焼き鳥の売上は前年に比べて10倍を超え、構成比は目標を上回る12・3％にアップしました（図表⑯）。総菜部門全体の売上も昨年比2倍を超えました。

図表⑯ 販売企画の結果検証

結果

項目	販売実績	昨年比	計画比
総菜部門売上高	1,135,820円	211%	103%
企画商品売上高	139,705円	1262%	104%
企画商品販売数	425	2125%	89%
粗利益率	40.3%	−4.7ポイント	−1.7ポイント
粗利益高	56,301円	1130%	99%
部門内構成比	12.3%	+10.3ポイント	+0.3ポイント

検証結果と評価

結果	昨年比で見ると販売数が大幅にアップした
	子供を中心にPOPの前で立ち止まるお客が多く、親子連れの購入が多かった
	12～14時に若干品薄になってしまい、機会ロスが発生。準備を迅速にしたい
評価	焼き鳥だけで部門内構成比10%を越えることができた
	仕掛け販売においては、バラ販売とパック販売の併売が重要なことが確認できた
	事前に書面でメンバーに伝えることができた

次回への課題

国産品と一緒に試食を提供したい。1～2時間だけでもマネキン販売する
POPは効果がみられた。次回以降は増やす
次回は2000本(今回は1500～1700本くらい)販売にチャレンジする

焼き鳥の販売企画が、総菜売場全体にシナジーをもたらしたと言えるでしょう。

しかし、売場改革の道はまだ半ばです。焼き鳥が終わったら、次はコロッケ、天ぷらと、対象商品を変えて販売企画に挑戦します。焼き鳥についても、定期的な販売企画の実施が売上の拡大につながり、「看板商品」へと成長させることができるのです。

第3章

生産効率を改善し収益性を高める

1

生産効率改善の基本

店の収益を支える総菜部門

食品スーパーにおいて、総菜部門の業務効率化を図ることが喫緊の課題になっています。

その理由として、次の2つが挙げられます。

1つめは、食品小売業界の競合環境を踏まえると、価格競争が厳しく、1店当たりの売上を持続的に増やすことが難しいからです。

食品の売上が伸びない以上、業務効率を高める必要があります。生鮮品や加工食品に比べて粗利益率が高い総菜部門で生産性を上げて、利益を確保することが望ましいのです。

2つめは、人手不足に対応するためです。

新規にパート従業員を採用することが極めて難しい状況が続いています。現在の人員で売場を維持、改善しなくてはならないため、業務の効率化は避けられません。

ここでは、業務プロセスを見直すことで、生産性の向上や収益を改善する方法を見ていきます。

人時生産性を高める

総菜部門における業務効率化の基本は、従業員1人1時間当たりの生産効率（人時生産性）を高めることです。

その際の評価指標としては、「人時売上高」と「人時粗利益額」を使用します。

まずは、総菜部門の「総人時」を計算してみましょう。パートを含めた総菜部門すべての従業員の1カ月当たりの総労働時間の合計が総人時です。

そして、1カ月の部門売上を総人時で割った数字が人時売上高（1人1時間当たり売上高）、1カ月の粗利益額を総人時で割った数字が人時粗利益額（1人1時間当たり粗利益額）です。

この人時売上高と人時粗利益額を増やすことを目標にしましょう。

前日の準備が生産効率を左右する

生産効率を高めるためには、前の日にさかのぼって作業を見直すことが重要です。

当日の朝から仕込みを始めていたのでは、開店までに品出しが間に合いません。それに、早朝から人手を確保するのは難しいのが実情です。従業員が揃っている前日夜のうちに準備をしておきましょう。

具体的な前日準備としては、次の4つが挙げられます。

①売場の仕切り板とプライスカードを陳列台帳に従って設置する

②原材料を使用調理機別に、開店前製造用と開店後の製造用に分けて準備する

③1日分の包装材料を、調理する人の手に届くところに配置する

④調理器具や備品を定位置に、必要とされる数量を配置する

前日の夜に準備する従業員と、当日朝、実際に作業する従業員は異なる場合が多いので、情報伝達も重要になります。

朝礼で前日に準備した内容、当日の作業内容を共有するとともに、各従業員の作業分担を計画書などの書面に残しておきましょう。

あらかじめ前日準備のチェックリストを用意しておくと役に立ちます。準備の漏れがなくなり、翌日、実際に作業する人に申し送り事項をまとめたリストを渡せば済むからです。

収益性向上に欠かせない在庫管理

前日準備に続いて、重要なポイントとなるのは在庫管理です。

図表⑰は、ある食品スーパーチェーンの5店分の在庫日数と粗利益率、値入率、ロス率のデータをまとめたものです。

在庫日数とは、手持ちの在庫商品が何日分の売上高に相当するかを示すものです。適正な在庫を知るための指標であり、一般的により少ない方がよいと考えられています。在庫金額を1日平均売上高で割って算出します。

図表⑰を見ると、店によって数値にばらつきがあることがわかります。A店

図表⑰ 在庫日数と粗利益率などの相関

	在庫日数	粗利益率	値入率	ロス率
A店	0.3~0.5	42.8	48.0	9.4
B店	0.6~0.7	41.4	47.3	10.8
C店	0.8~0.9	41.8	47.6	10.8
D店	1.0~1.4	40.5	47.2	12.4
E店	1.5~2.1	39.3	46.2	13.6
平均	–	41.4	47.4	11.2

単位：日、%

は在庫日数が0・3~0・5日と在庫を早く回転させているかと思えば、E店は1・5日を超えています。

在庫日数とほかの数値の相関に注目すると、重要なことがわかります。**在庫日数が長いほど、粗利益率と値入率が低くなり、ロス率が上昇しています。つまり、在庫日数を短縮することで、収益性を高めることができる**のです。

しかし、適正な在庫量を見極めるのは極めて難しいことです。その日の天気や気温、地域の催事の有無などによって需要量は不規則に変化するからです。

在庫量の見極めは難しいという前提に立って、少しでも適正在庫に近づける努力を怠らないことが、この課題の唯一の解決策と言えます。

具体的な在庫管理のポイントは4つです。

①在庫管理の指標を理解する

まずは、在庫の現状を把握しましょう。在庫管理は日数で管理するのが基本です。現在の在庫日数を割り出した上で、目標値を設定し、その数値に近づけていきましょう。

②日付管理を徹底する

入荷日や開封日、使用期限、賞味期限などを管理シートに記入し、毎日チェックします。

③5Sを徹底する

5Sとは、整理、整頓、清掃、清潔、しつけの頭文字をとったもので、職場の課題を解決するための改善活動です。商品に破損や痛みが生じていないかなど、在庫を正確に管理する上で重要になります。とくに冷蔵庫、冷凍庫、保管庫の整理、整頓、清掃を徹底しましょう。

④定位置管理を徹底する

在庫の保管場所が乱雑な状態にあると、目的の商品を探すのに時間がかかります。5Sに加えて、定位置管理を徹底することで商品を探す時間を短縮できます。また、在庫量がひと目でわかることも重要です。

無駄を徹底排除する

無駄を減らすことも、生産効率の向上には欠かせません。非効率な作業が従業員の負担になっていることも多く、できるだけ速やかに取り組みましょう。

具体的に、無駄を排除するためのポイントは次の3つです。

①時間管理

同じ作業をするのでも、時間を意識したときと、そうでないときでは成果は大きく異なります。たとえば、「カツ丼を10パックつくってください」と指示するのと、「カツ丼10パックを○時○分までにつくってください」と指示したときでは、従業員の動き方は大きく変わってきます。「何時から何時まではこの仕事をする」「この作業は何分以内に済ませる」といったように、従業員につねに時間を意識させることが、無駄の排除につながるのです。

②製造時間の基準決定

商品の製造に必要な時間の基準を決めて、その値に近づけていきましょう。たとえば、製造時間が予測しにくい新商品でも、計画書の目標粗利益額から逆算して、1ロットあたりの製造時間を決めます。その時間を超えてしまう場合には、原材料や製造手順の見直し、従業員への技術指導などの手を打つことによって基準値に近づけます。

③適正な製造ロットの見極め

1度に製造する商品のロットを大きくすればするほど生産効率は高まる半面、ロスのリスクが増します。しかし、ロスを恐れるあまり、売れたら追加製造するのでは、収益性はいつまでも改善しません。

ロットの適正値を見極めるのは簡単ではありません。そのため分析を継続的に行い、適正ロットに近づけるよう努めましょう。

ロス対策は「拡大均衡」を選ぶ

一般的な食品スーパーの総菜部門のロス率（値下げロスと廃棄ロス）はおおよそ11％と言われており、店の収益を圧迫する大きな要因となっています。

総菜売場におけるロスには、値下げロスのほか、廃棄ロス、機会ロスがあり、それぞれ連動するという性質を持っています。すなわち、廃棄ロスと値下げロスの多い店は、機会ロスも多いのです。

消費期限が短いため、総菜のロスを完全になくすことは不可能と言えるでしょう。しかし、取り組み次第では、ロスを減らし、収益を改善することができます。

ここでは、ロス率を7％以下に抑えることを目標に、具体的な取り組みを見ていきましょう。

ロス対策で最も注意すべき重要なのは、「縮小均衡」に走らず、「拡大均衡」を心がけることです（図表⑱）。

縮小均衡のロス対策とは、単純に製造数量を減らすことです。たとえば、ある商品を1日100個つくり、そのうち90個を販売し、10個を廃棄しました。その翌日、90個をつくればロスがなくなるかといえば、そう都合よくは売れません。80個しか販売できず、結局、10個を廃棄します。これを続けると、売上が減るだけで廃棄ロスはなくならないという悪循環に陥ってしまうのです。

これとは逆に、「拡大均衡」を採用すれば、ロス率を減らしつつ、売上拡大

につながる可能性があります。拡大均衡のロス対策とは、製造した商品を徹底的に売り切る施策です。

売り切るために重要なことは、鮮度の高いうちに販売してしまうことです。売れ残る理由の多くは、時間が経つにつれて、見栄えが悪く、味も落ちるためです。したがって、なるべく出来たてのうちに売り切ることを徹底すれば、製造数量を増やしてもロスが発生しにくくなります。

値下げの鉄則5カ条

ロス対策で重要なポイントになるのが、値下げのタイミングです。

値下げのタイミングを逸すれば、売れ残りが増えて廃棄ロスが発生してしまいます。一方でタイミングが早すぎても、正価での販売数量が減り、収益性が悪化します。

図表⑱ 2つのロス対策

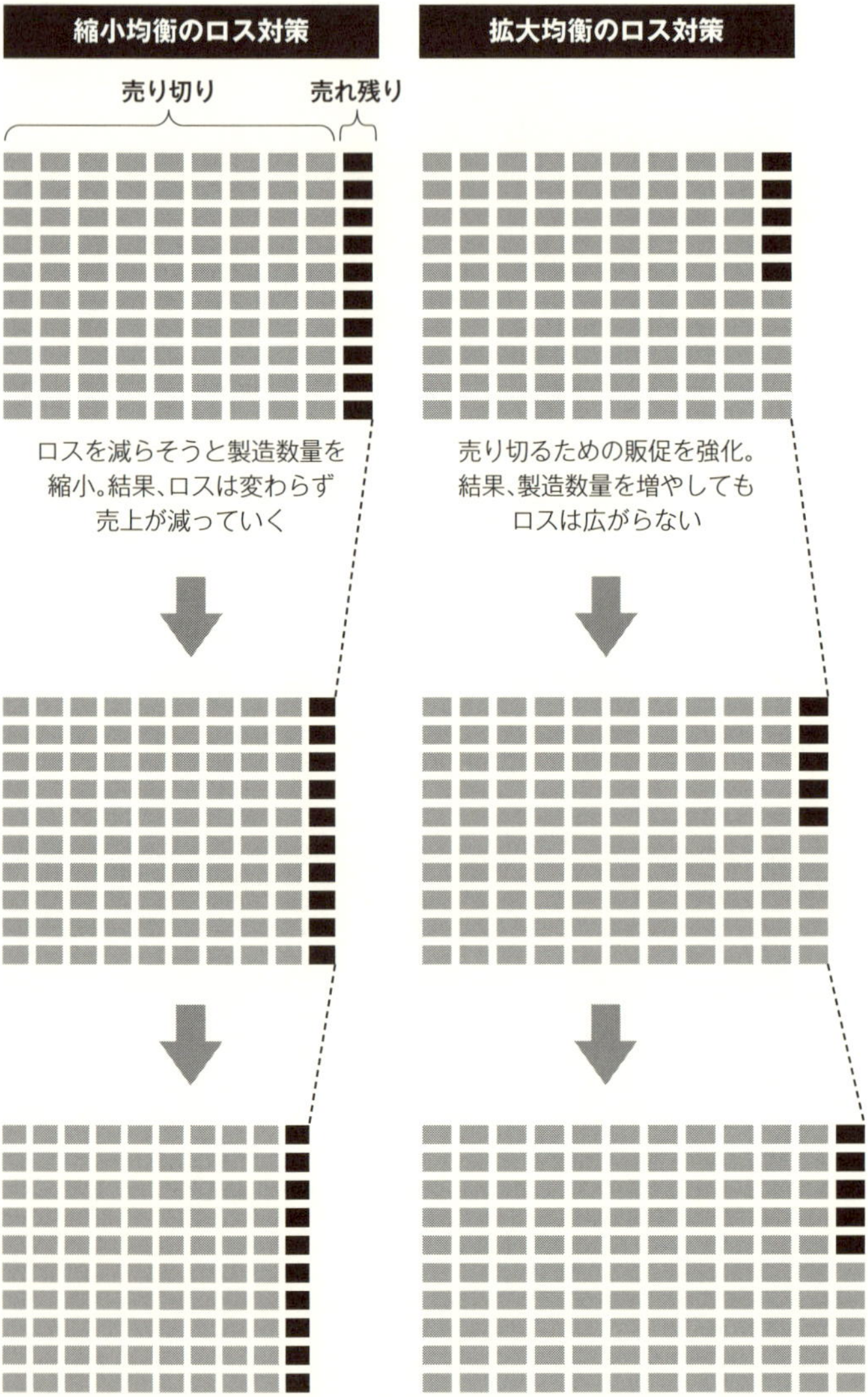
縮小均衡のロス対策
拡大均衡のロス対策
売り切り
売れ残り
ロスを減らそうと製造数量を縮小。結果、ロスは変わらず売上が減っていく
売り切るための販促を強化。結果、製造数量を増やしてもロスは広がらない

値下げには、適したタイミングがあり、これを見極めることで、販売力は大きく変わってきます。

ここでは、値下げに適したタイミングをとらえ、値下げロスを低く抑えて売り切る5つの鉄則を紹介します。

鉄則①早めに見切り、値下げ幅を抑制する

お客が12時に来店した時に、製造した時間が9時の総菜と11時30分の総菜が並んでいるとします。当然、お客は11時30分の総菜を選ぶでしょう。同じ価格ならば鮮度の高い方が売れるため、9時につくった商品は売れずに残ってしまうわけです。

そこで、11時30分製造の商品を売場に並べる際に、9時製造の商品を値下げするのです。このときの値下げ額は、小さくてかまいません。10円や20円を値下げすることによって、11時30分に製造した商品と価値が見合うようになるのです。

鉄則②ニーズがある時間帯に値下げする

その商品目当てのお客が店内にいるときに値下げをしましょう。タイミングを間違えている例としては、お客の流れが途切れた後に、売れ残った商品を値下げすることが挙げられます。とくに弁当は、夕食用の商品を並べる前の14時〜15時ごろになってようやく値下げするケースも目立ちますが、完全にタイミングを逸しています。

このような中途半端な時間帯に弁当を買うお客はほとんどいません。ここで売り切るためには、せめて半額にするしかありません。お客のニーズが少ない時間帯には、それ相応の値下げをしなければ価値と釣り合わないのです。

したがって、弁当を値下げするなら12時台です。この時間帯であれば小額の値下げで済みます。

鉄則③値下げ商品と新しい商品を一緒に並べる

値下げした商品を集めてコーナー化する店もありますが、これは、まったく効果が見込めません。

製造から時間が経過している商品を値下げすることで、出来たての商品と相対的な価値を同等にしようとしているのに、別々に並べたらその対比ができません。

製造時間の異なる2つの商品を並べることで、「少し時間が経っているが割安な商品」「定価だが出来たて感のある商品」という対比ができて、お客の中に選択の余地が生まれるわけです。陳列する際には、値下げした商品は右側、新しい商品は左側に並べるよう徹底しましょう。

鉄則④値下げは売場の責任者が行う

値下げのタイミング次第で売り切れるか、それとも廃棄ロスになるか、結果は大きく異なります。

仮に、なにもしなければ2万円分の廃棄ロスが出ていたところ、値下げによって1万円に抑えれば、粗利益を1万円増やしたことと同じになります。総菜売場の業務の中でも、これほど重要な仕事はありません。

値下げは、総菜に限らず、食品スーパーの店舗業務の中でもっとも重要な仕事と言えるでしょう。したがって、値下げのタイミングは、パートやアルバイトの従業員ではなく、売場の責任者（部門チーフなど）が決定すべきです。

鉄則⑤ロスの原因を全員で考える

「なぜ商品ロスが発生したのか」を従業員が自ら考える癖をつけることが重要です。

数量が多かったのか、時間帯が悪かったのか、値下げのタイミングが違っていたのか、理由はさまざまですが、ロスの発生には必ず原因があります。

一部の従業員だけで原因を突き詰めていたのでは、時間がかかってしまいます。総菜部門にかかわる全従業員が突き詰めて考えることで、ロスを減らすことができるのです。

そのための有益な手段が、ロスミーティングの実施です。毎朝、責任者を中心に、製造や陳列、値下げを担当した従業員が意見を持ち寄り、昨日売れ残った原因を探ります。そこで対応策をまとめ、さっそくその日のうちに実行に移し、その結果を検証していくのです。

2

時間帯ＭＤのすすめ

なぜ今、時間帯ＭＤなのか

時間帯ＭＤとは、その名の通り、お客のニーズに即した商品を、時間帯ごとに展開することです。

食品スーパーにとって、今、時間帯ＭＤが非常に重要になっています。**その理由は、お客の来店する時間に変化が生じているからです。この数年、夕方以降のお客が減っているのです。**

さまざまな原因が考えられますが、もっとも大きいのはコンビニエンスストトアが食品スーパーの市場を侵食しているためと考えられます。これまで夕方に食品スーパーに来ていたお客が、コンビニエンスストアを利用するようになっているのです。

２０１１年3月の東日本大震災以降、この傾向は顕著に現れています。生鮮食品や日配品、デザート、冷凍食品、そして総菜などふだんの食卓に並ぶ食材の強化、そして、割安感のあるプライベートブランド（ＰＢ）の拡充により、コンビニエンスストアが主婦や高齢者など、新たな客層を取り込んでいます。

自転車で行く食品スーパーよりも、徒歩圏内にあるコンビニエンスストアを利用するお客が増えていることも考えられます。**従来、食品スーパーは夕方の売上構成比が高いため、この時間帯のお客をコンビニエンスストアに奪われている状況は「危機」であると認識すべきです。これを取り返すためにも、午前と午後では異なるＭＤを展開する必要がある**のです。

「折り返し点」を目安にする

時間帯MDを展開する際には、「折り返し点」を目安にしましょう。折り返し点とは、一日の売上の半分、50%に達する時間帯です。

図表⑲はある食品スーパーの店舗の時間帯別売上を比較したものです。

A店を見ると、折り返し点は16時で、B店は14時となっています。この差が、そのまま売上の差となって表れています。

つまり、A店では、開店から16時までの売上と同じ数字を16時以降につくっており、昼と夕方の2つのヤマがあることがわかります。

これに対し、B店は昼間に売上のピークがきており、夕方は売上のヤマをつくれていないのです。商品をつくるのは午前中だけのため、夕方には品切れ、つまり機会ロスが発生しています。

B店の総菜売場を見ると、午前中には従業員が熱心に商品を製造しており、

図表⑲ 時間帯MDの目安となる「折り返し点」

	A店		B店	
	時間帯別売上構成比	開店時から累計売上構成比	時間帯別売上構成比	開店時から累計売上構成比
9時～10時			0.4%	0.4%
10時～11時	5.5%	5.5%	8.7%	9.1%
11時～12時	18.0%	23.5%	16.3%	25.4%
12時～13時	11.6%	35.1%	13.5%	38.9%
13時～14時	7.3%	42.4%	11.7%	**50.6%**
14時～15時	2.4%	44.8%	5.7%	56.3%
15時～16時	6.9%	**51.7%**	7.2%	63.5%
16時～17時	7.6%	59.3%	9.6%	73.1%
17時～18時	14.1%	73.4%	10.0%	83.1%
18時～19時	11.7%	85.1%	5.7%	88.8%
19時～20時	7.9%	93.0%	5.4%	94.2%
20時～21時	4.7%	97.7%	1.3%	95.5%
21時～22時		97.7%		95.5%
22時～23時	2.3%	100.0%	4.5%	100.0%

昼ごろには総菜がずらりと売場に並びます。しかし、午前のピークが終わり、昼過ぎになると従業員が減り、15時ぐらいにはバックルームの電気が消え、売場から従業員がいなくなってしまいました。

午前中に1日分の総菜をつくり、夜間には売れ残った商品を半額にして売り切ることが常態化していたようです。人時も午前中に集中させればよく、一見すると合理的です。実際、同様のオペレーションを組む食品スーパーはいまだに多いのです。

しかし、売場を見ると、夕方の書き入れ時だというのに閑散としており、客離れを起こしているのは明らかです。そのお客は、コンビニエンスストアに流れているのかもしれません。

食品スーパーのもっとも賑わう時間は、本来、夕方です。とくに、総菜については、夕食目当ての来店客数が多く、夕方にこそ拡販しなければなりません。

夕方以降に来店するお客は有職主婦や単身男性が多く、勤めを終えた帰りに買い物をしています。昼間に来店することの多い専業主婦は、自ら調理をする時間があるために総菜へのニーズが比較的低いのに対して、夕方に来店する有職主婦は調理時間がありません。つまり、夕方に来店するお客にこそ、出来たての総菜を提供しなければならないのです。

ところが、有職主婦が夕方に来店しても、売場に買いたくなるような総菜がない。わずかに残っている商品は、つくってからずいぶん時間がたっているものばかりだったらどうでしょうか。来店しても魅力的な商品がなければ、次はもう来店してくれないでしょう。こうして総菜部門への支持率をどんどん下げてしまっているのです。

こうした食品スーパーが多いということは、逆に言えば大きなチャンスです。夕方に出来たての総菜を充実させれば、競合店に対して差別化できるからです。

多くの食品スーパーが夕方の拡販を躊躇しているのは、夕方に従業員を確保できないこと、また売り残す恐れがあるからです。夕方に従業員を確保して拡販にチャレンジするか、それとも、機会ロスを承知のうえで夕方の売上をあきらめるか。二者択一です。

午前中につくった商品を早めに値下げして売り切り、夕方の拡販に着手をすれば、廃棄ロスを削減し、売上を増やすことができます。ロスを削減しつつ、売上アップを図るために時間帯ＭＤを実践しましょう。

時間帯ＭＤにチャレンジ

実際、どのように時間帯ＭＤを実施するのか。その手順を紹介します。

ステップ①トップ10商品の時間帯別売上を把握する

まず、売上トップ10商品の時間帯別売上を把握します。そのため、過去の販売データを集計し、各商品の時間帯別販売数量の平均値を算出します。
すべての商品を拡販するのではなく、トップ10商品を売れる時間帯に集中的に投入することで、販売数量を増やします。

ステップ②17時までの売上構成比を割り出す

売上トップ10商品の時間帯別売上の平均値がとれたら、次に、17時以前と以後の売上構成比を求めます。開店から17時までの販売数量、17時から閉店までの販売数量を計算し、それぞれの構成比を割り出しましょう。

ある店では1日に100個売れる商品があります。開店から17時までの販売数が60個、17時以降の販売数が40個とすると、構成比は60対40になります。

時間帯MDの大きなねらいは、昼と夕方の書き入れ時に、しっかり数字をつくることです。このため、昼と夕方のお客が入れ替わる17時を境に、MDを変化させるわけです。

店によっては昼と夕方のお客の入れ替わりが17時ではなく16時であったり、18時であったりすることもあるので、自店の状況や季節に合わせて調整してください。

ステップ③仮説を立てて、製造数量を調整する

17時までの売上構成比のデータを使って、時間帯MDの仮説を立ててみましょう。

たとえば、ある店ではステップ②の検証で、17時までの売上構成比が60％でした（図表⑳）。これはあくまで平均値なので、日によってばらつきがあります。

そこで、ある1日は、17時までの売上が好調で、65対35になると仮定しましょう。もちろん事前に結果はわからないので、まず、午前中に60個より少し多めの70個をつくって売場に並べました。17時の時点で確認したところ、65個

売れていました。17時以降の構成比の平均値は40％、つまり40個です。店頭在庫がまだ5個ありますので、17時以降の拡販に備えて35個を追加でつくればよいという計算になります。

閉店までに35個が売れれば、17時までの65個と合わせて、1日の販売数量は100個、廃棄ロスは5個となります。機会ロスを防ぎ、しかも廃棄ロスは最小限にとどめたわけです。

一方、もし同じ日に、午前中と夕方にそれぞれ50個の商品をつくっていたら、17時以前に15個の機会ロスが発生したうえ、17時以降に15個売れ残ってしまったことになります。トータル販売数量は85個で、廃棄ロスは15個となる計算です。

時間帯MDを導入するとしないとでは、結果が大きく違うことがわかっていただけると思います。

図表⑳ 時間帯MDで2つのロスを減らす

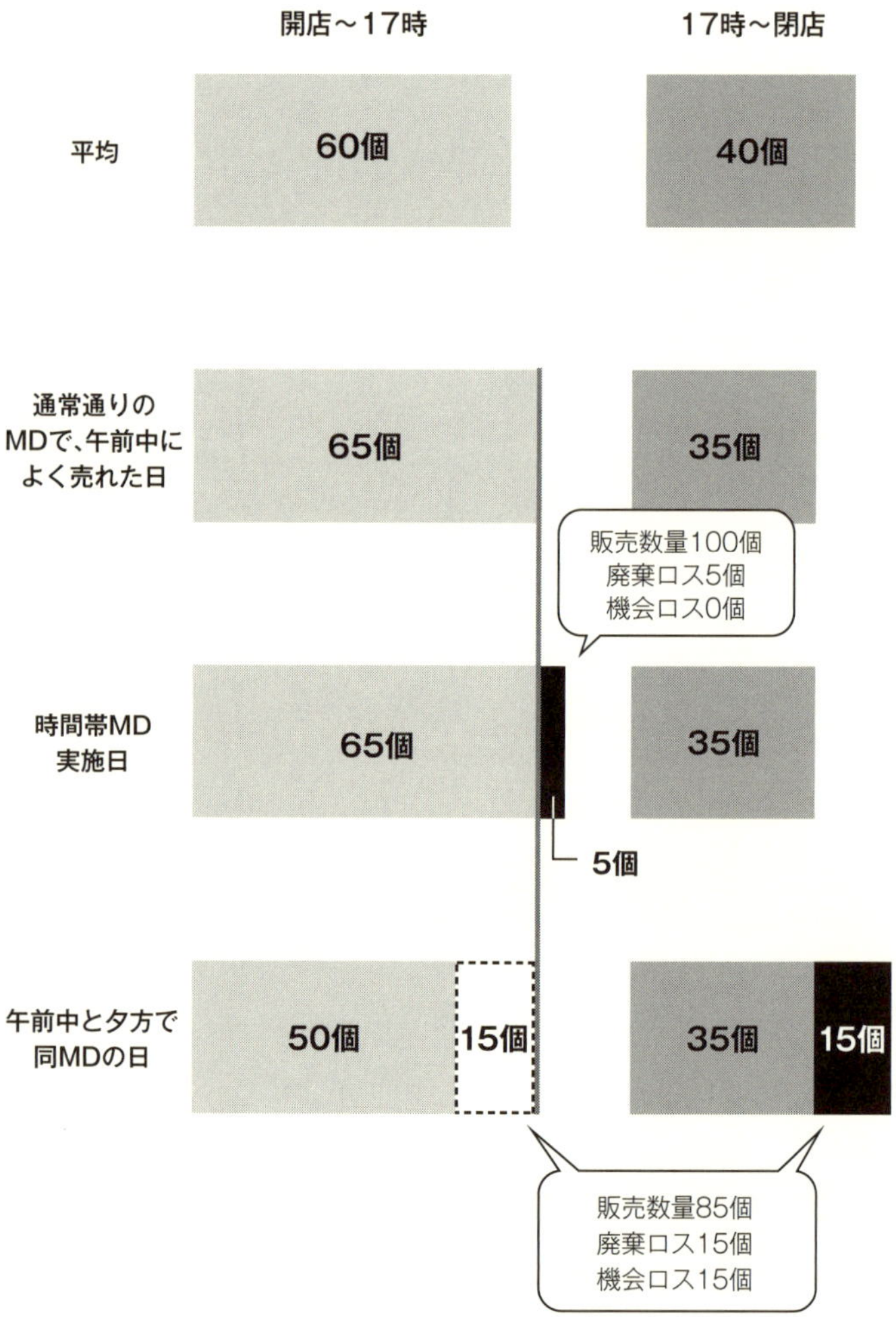

売り込む時間を変えてみる

時間帯ＭＤには、さまざまなバリエーションがあります。

たとえば、昼時と夕方で売り込む商品を変える、あるいは、夕方だけ品揃えして拡販するという方法もあります。

一般的に、昼と夜では食べたいものに違いがあります。それにもかかわらず、昼も夕方も同じ商品を同じフェース数で販売している総菜売場が多いのが現状です。

象徴的な商品が、焼き鳥です。焼き鳥はどのような時に食べたくなるでしょうか。晩酌のお供として食べられることが多いと思います。

しかし、たいていのお店では、開店時から焼き鳥を売場に並べているのです。実際、商品はあまり売れていません。焼き鳥目当てのお客が増える夕方には、すっかり冷えて堅くなっており、おいしそうに見えません。結果として、１日

図表㉑ 時間帯別販売数量

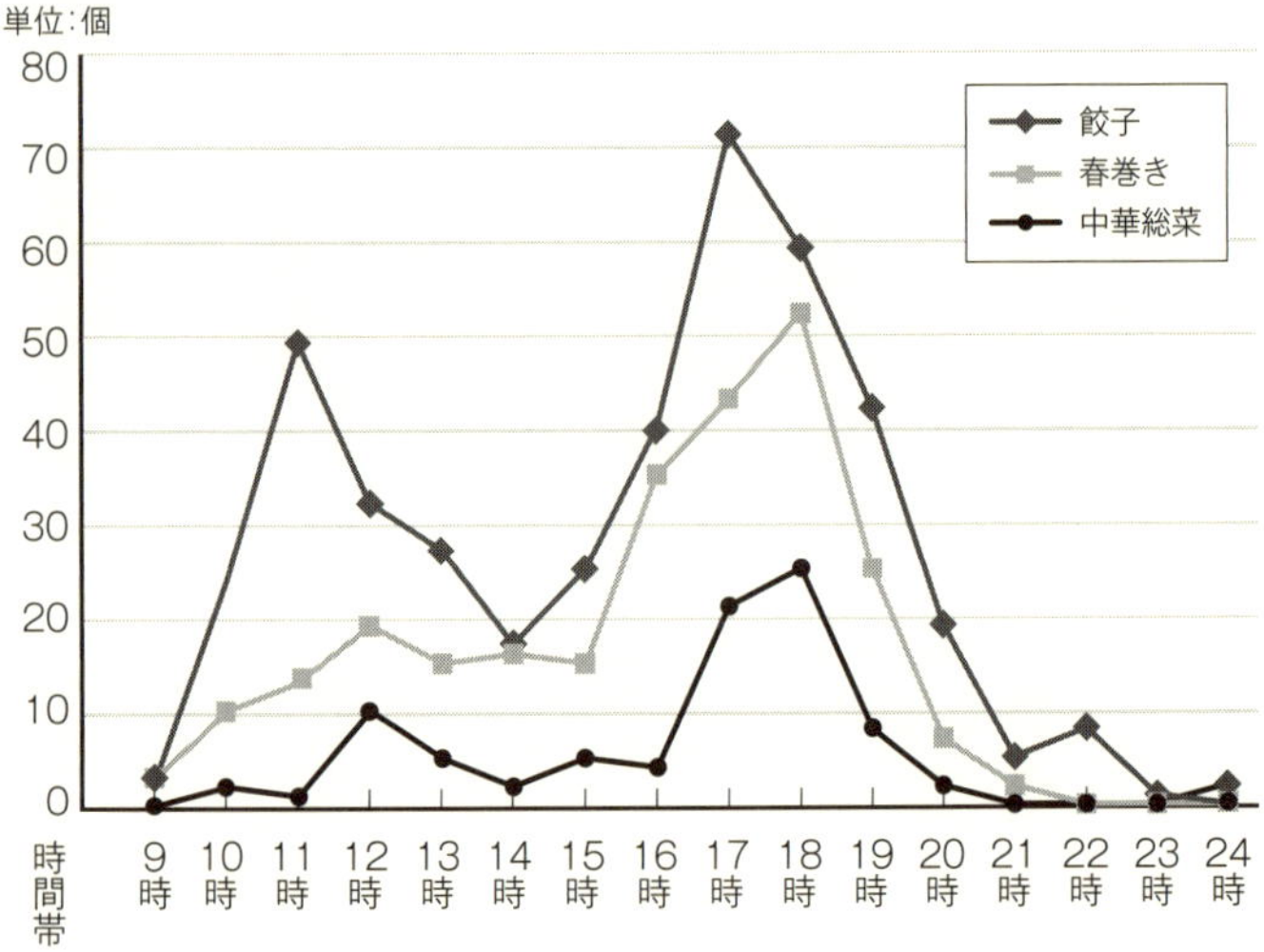

を通して売上が伸びないのです。

このように時間帯MDを実施すべき商品は焼き鳥だけではありません。図表㉑は、ある食品スーパーの総菜売場で実測した時間帯別販売数量の推移をまとめたものです。**商品によって、昼間と夕方の売れ方に大きな違いがある**のがわかるでしょう。

たとえば、「餃子」は昼でも夕方でも売れるので、1日2回の拡販を行うべきです。しかし、「春巻き」の売上は、夕方に偏っています。したがって、昼には少なめにつくり、夕方に拡販するというようなメリハリをつけるとよいでしょう。

「中華総菜」にいたっては、朝と昼ともに低調です。対策として、午前中には販売せず、夕方に出来たて商品を販促すれば、販売数量の伸びが期待できるでしょう。

平日と休日の異なるピークに着目

時間帯MDを実施するときに、ひとつ注意しておきたいのは、平日と土日・祝日（以下、休日）の違いです。

食品スーパーの来店客数は平日よりも休日の来店客数が多いのがふつうですが、来店客の購買する時間にも違いがあることがわかります。

図表㉒は、ある食品スーパーの総菜売場で、天ぷらの時間帯別売上を実測したものです。

昼時のピークを見てみましょう。平日の場合、11時に集中しているのに対して、休日は10時からピークが始まります。夕方のピークも、平日は16時から18時に集中し、21時ごろまで売れているのに対し、休日は14時ごろからピークが始まり、18時にはピークアウトします。

このように、休日は平日よりも1〜2時間ピークが早いことがわかります。また、休日は昼がピークである一方、平日は昼と夕方に2つのピークが確認できます。

したがって、休日は午前中に集中して拡販を行い、午後には早めの時間帯に商品をつくり、夕方のピークアウト時まで売り切るようにしましょう。

もちろん、店の与件により、お客の来店する時間は異なってきます。自店の時間帯別の来店客構成比を確認することが重要です。

図表㉒ 日曜日と平日の売上のピーク

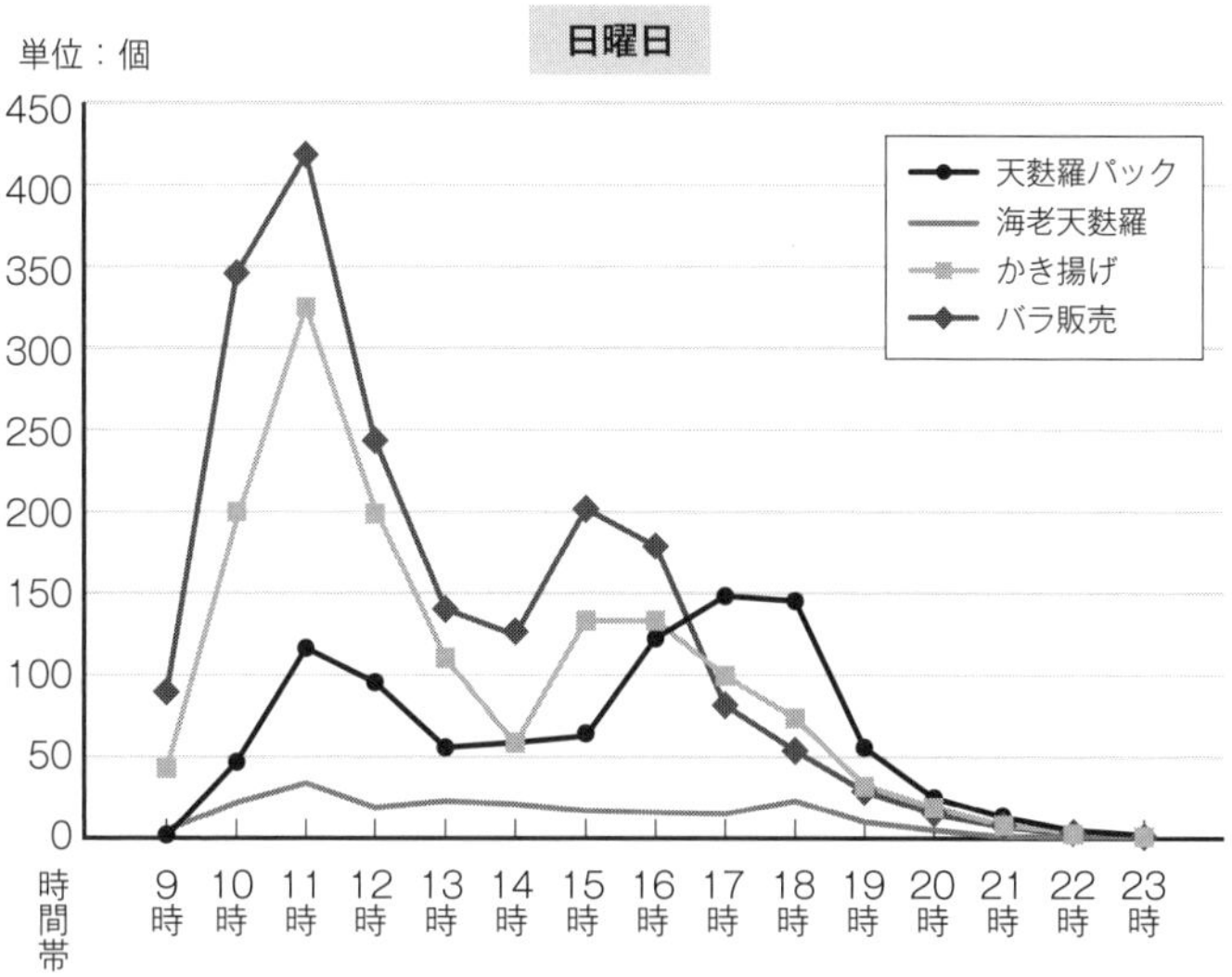

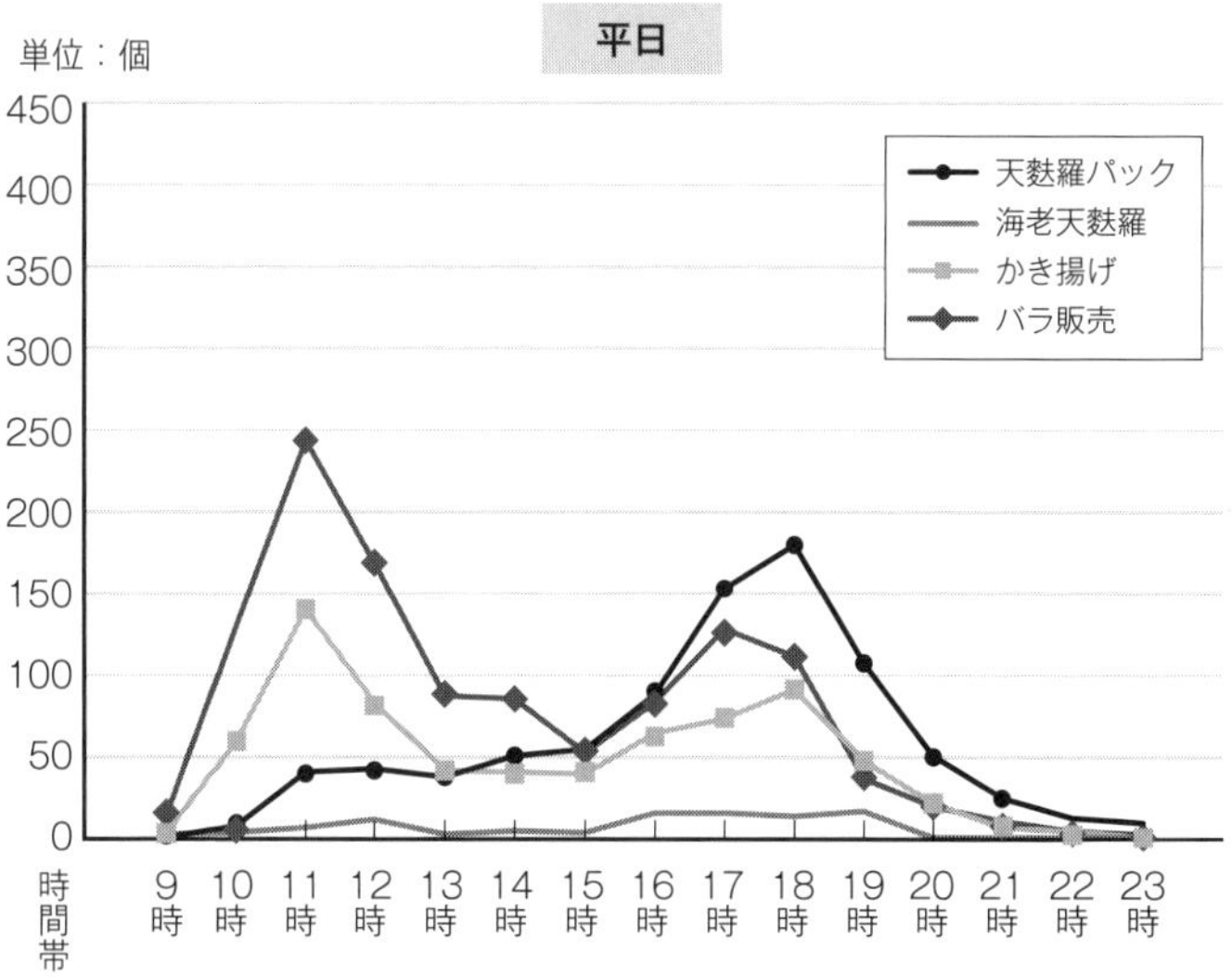

和総菜の拡販事例

食品スーパーがすぐに取り組める、平日の時間帯ＭＤの具体的な事例を紹介します。

販促を強化する商品は和総菜です。高齢社会の進展や健康志向の高まりの中で、改めて和食の健康的な面が注目されています。和総菜はつくるのに手間がかかることもあり、今後、総菜売場での需要の増加が期待できる商品です。

まず、ある食品スーパーの和総菜の販売データを集計してみました。すると、1日の販売数量のうち、17時以降の構成比が60％ありました。このため、和総菜は夕方に拡販すべきと考えました。

しかし、17時までの構成比も40％あるので、こちらもおろそかにできません。17時の前後、ともに販売数量を伸ばすためには、どのような時間帯別ＭＤが効果的なのか調べてみました。

過去の実績を見ると、興味深いことに気づきました。昼時に和総菜を購入するお客の多くが、一緒に弁当を買っていたのです。

実際、どのようなお客が和総菜と弁当を一緒に購入するのか把握するため、売場で観察してみました。すると、おもに高齢のお客が煮物と弁当を購入していました。

より詳しい情報を得るため、煮物と弁当を一緒に購入したお客にヒアリングしました。すると、昼食に弁当を食べますが、ご飯を半分残しておきます。そして、夕食時に、残したご飯と煮物を一緒に食べていることがわかりました。

そこで、この食品スーパーでは、昼に小容量の和総菜を用意し、弁当の隣に並べることにしました。一方、夕方には、アイテム数を絞り込み、子供のいるファミリー層の夕食用に大容量の和総菜を拡販しました。

ねらい通り、昼には高齢のお客が、弁当と一緒に和総菜の小分けパックを複数購入する傾向がより強まるとともに、夕方には、有職主婦と思われるお客の

図表㉓ 時間帯MDの実例：夕方の和総菜の展開

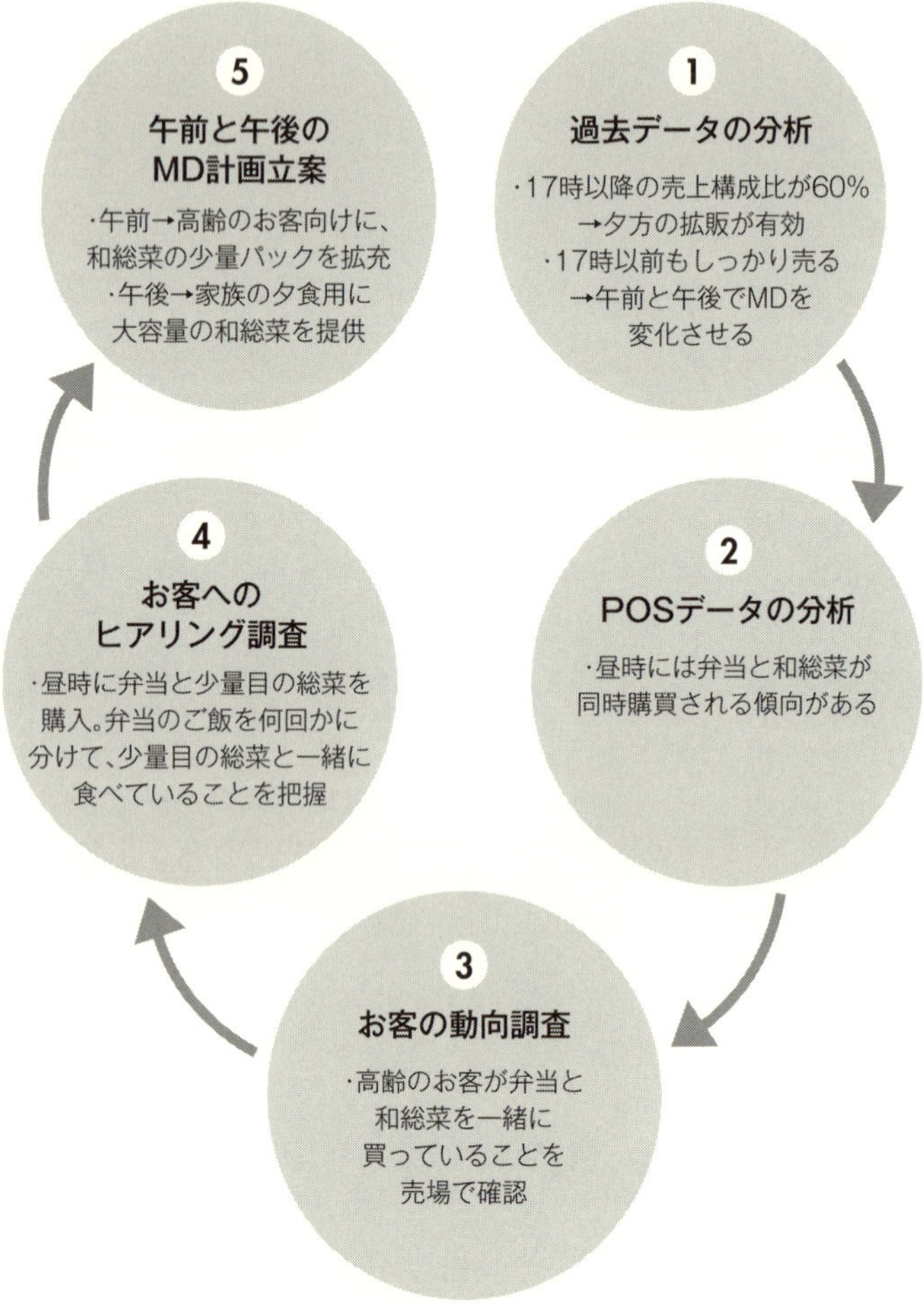
1
過去データの分析
・17時以降の売上構成比が60%
→夕方の拡販が有効
・17時以前もしっかり売る
→午前と午後でMDを
変化させる
2
POSデータの分析
・昼時には弁当と和総菜が
同時購買される傾向がある
3
お客の動向調査
・高齢のお客が弁当と
和総菜を一緒に
買っていることを
売場で確認
4
お客への
ヒアリング調査
・昼時に弁当と少量目の総菜を
購入。弁当のご飯を何回かに
分けて、少量目の総菜と一緒に
食べていることを把握
5
午前と午後の
MD計画立案
・午前→高齢のお客向けに、
和総菜の少量パックを拡充
・午後→家族の夕食用に
大容量の和総菜を提供

購入が増えました。結果として、和総菜の販売数量を大きく伸ばすことができたのです。

このように時間帯別に商品のＳＫＵ数や並べ方に変化をつけることで、異なる客層に訴求することは可能です。**厳しい競争を勝ち抜くために、商圏内の幅広いターゲットにアピールする時間帯ＭＤを実践することが重要になっているのです。**

第4章

既存商品を伸ばす販促テクニック

1

既存商品の売上を増やすコツ

SKU展開を工夫する

第4章では、「儲かる総菜売場」をつくるため、より実践的な販促事例を紹介します。

同じ商品でも、量目を変化させたり、フェース数を増やしてみたり、販売する時間を変えてみたり、味にアレンジを加えてみたりといった工夫によって、これまでよりも販売数量を増やすことが可能になります。

ここで総菜に限らず、どのカテゴリーにも当てはまる既存商品の売上を増やす法則について触れたいと思います。

そのひとつが、ボリュームゾーンの価格帯を引き上げるために、より価格の高いバリエーションを増やすという手法です。

たとえば〈大〉〈中〉〈小〉、〈松〉〈竹〉〈梅〉というように、3段階の商品があると、**多くのお客は真ん中の価格帯、グレードのものを選ぶという心理傾向があるから**です。

とくに店の顔となるような重点商品については、〈大〉の上に〈特大〉、〈松〉の上に〈特級〉を用意するのが基本です。そうすることで、中心価格帯をさらに上に引き上げることができます。

商品はそのままでも、量目を見直すだけで売れ行きが変化することも少なくありません。

実際に、カキフライで試してみたことがあります。私はカキフライを食べる際には、1回当たり4個～5個を食べると考えていました。そこで、店には4

個入りと8個入りを揃えました。過去の販売データを見ると、4個入りと8個入りの売上はほぼ同数です。

まず、12個入りを追加して、4個〈小〉、8個〈中〉、12個〈大〉の3SKUを展開してみました。すると、〈中〉の売上が上昇しました。次に、16個入りの〈特大〉を加えたところ、〈大〉の売上が伸びたのです。

16個入りを買うつもりなら、8個入りを2つ買ってもいいはずです。でも、お客はそうした買い方はしません。多くの店では、割安感を与えるために、量目の多い商品ほど1個当たり、もしくはグラム当たりの単価を安く設定しているからです。また、自分が買いたいと思う容量の商品がなければ、購入を見送るお客もいるのです。ここから「小は大を兼ねない。大は大で必要」という法則が導き出されます。

SKUの展開は、商品別に縦軸に考える必要もあります。

私が手がけた、メンチカツの取り組みを紹介しましょう。

ふだんからよく売れているメンチカツをさらに伸ばそうと、バラ売りやパック入りなど単品に加えて、メンチカツ弁当、メンチカツサンドなど従来から揃えている商品を1カ所に集めて販促したところ、通常の50倍となる1日250枚のメンチカツを販売したことがあります。

わざわざ新商品を投入しなくても、今ある商品のSKUの揃え方を工夫するだけで売上を伸ばすことができるのです。そう考えると、SKUの展開の重要性を改めて実感できるでしょう。少なくとも重点商品については、時間と労力を割いて最適なSKU数を追求する価値があると言えるでしょう。

単品強化と品揃えの幅の追求

総菜を販促する際の基本戦略は、2つあります。

1つめは、看板商品や重点商品のような単品を強化することです。

単品販促に向いている商品の代表は、揚げ物です。揚げ物の場合、トンカツやコロッケ、メンチカツなどバラ売りの商品を組み合わせて購入するケースは多くありません。トンカツなら家族の人数分をまとめて、メンチカツやコロッケなら同じものを5枚、あるいは、味違いで購入するケースが多くを占めます。したがって、揚げ物の場合は、単品での販促が基本になります。揚げ物のほか、弁当、寿司、サラダ、中華総菜、お好み焼き、焼きそばなども単品販促に適した商品です。

2つめは、品揃えの幅をアピールすることです。

品揃えを拡充すればするほど販売数量が伸びる代表的な商品は、焼き鳥です。

焼き鳥の場合、もも串を一度に10本買うお客は少数派です。もも串に加えて、ねぎまやレバー、つくねなど、複数の焼き鳥を一緒に購入する人の方が圧倒的に多いでしょう。

このように品揃えの幅が求められる商品の場合は、アイテムを増やすだけでも効果的な販促につながる場合があります。

私がかつて実施したのが、「手巻き寿司のバイキング」です。手巻き寿司を売上の上位5アイテムに絞った場合と、20アイテムに増やした場合に、売上に変化があるのか実験してみたのです。

20アイテムに増やした場合には、お客1人当たりの買上点数が5本以上になりました。一方、上位5アイテムに絞った場合には、1人当たり買上点数が2本にとどまったのです。品揃えの幅が必要とされる商品は、思い切って拡充することで、売上アップにつながる可能性が高いのです。

商品特性によって、単品を強化もしくは品揃えの幅でアピールすべきか、販促の基本戦略は異なってきます。試行錯誤しながら、より効果的なMDの法則を導き出しましょう。

販促事例①たこ焼き

思い込みをなくす

私がコンサルティングをしていた、東北にある食品スーパーのたこ焼きの拡販事例を紹介します。

この食品スーパーでは、たこ焼きの売上が少しずつ伸びていました。それほどフェースを広く確保しているわけではないのですが、コンスタントに売れ続けていたのです。そこで、販促を強化することにしました。

そもそも、たこ焼きに注目することになったきっかけは、あるデータを発見したことです。この食品スーパーの総菜部門の売上実績を、週ごとに確認していたときに、休日の、それも夕方にたこ焼きが売れていることがわかったのです。

この食品スーパーでは、たこ焼きは昼食やおやつとして食べる商品であり、したがって、午前中に売るべきだと考えていました。ですから、午前中につくって売場に並べていたのですが、夕方によく売れて、夜にはほぼ売り切っていました。

なぜ、夕方にたこ焼きが売れるのか。たこ焼きをいつ食べているのか知るために、お客にアンケートをとりました。すると、「昼に食べる」という回答は全体の3割にとどまりました。最も多かったのが、「夜に食べる」の4割で、「朝に食べる」は2割でした。「朝に食べる」と回答した人は、夕方に買って冷蔵庫に入れておき、朝、レンジで温めて食べていたのです。つまり、たこ焼きを購入するお客の6割は、夕方に購入する可能性が高いと考えていいわけです。

たこ焼きは、昼食やおやつとして食べるので、午前中につくったほうがよいという考えは、まったくの思い込みだったのです。

こうした発見は、チャンスとして生かしましょう。目の前にニーズがあるのですから、既存の商品でも売り方を工夫するだけで、これまでよりも2倍、3倍と販売数量を増やせる可能性があるのです。

売上実績をチェックする際には、「なぜ」と思ったことを書き残しておきましょう。気になったこと、疑問に感じたことをメモしておけば、販促のアイデアにつながるかもしれません。

収益性を確認する

続いて、たこ焼きの収益性を確認します。総菜部門にとって大事なことはコストです。

図表24　たこ焼き（10個）の収益性をFLLコスト計算法で算出

売価	298円	
売上	268	
原材料原価	150	50.3%
値入額	148	49.7
ロス額	30	(11.2)
粗利益額	118	(44.0)
生産性	60	
人件費	1,200	
直接人件費	20	(7.5)
間接人件費	16.4	
ＦＬコスト	186.4	(69.6)
固定費	53.6	(20.0)
利益（営業利益）	28	(10.4)

※FLLコスト計算法については42ページを参照　　単位：円、%
※カッコ内の比率はロス額を差し引いた売上に占める割合

前述したように、総菜部門は店全体の収益を改善する重要な役割を担っています。売上は増えるけれど、利益を確保しにくい商品をいくら売っても、収益改善につながりません。そればかりか、収益性の低い商品に人時と売場スペースを割いてしまい、気が付いてみたら売上も利益も減ってしまうことさえあるので注意が必要です。

こうした事態を避けるために、**販促を実施する前に、必ず収益性を確認する癖をつけてください。**具体的にはＦＬＬコスト計算法（42ページ参照）を活用し、商品の利益貢献度を見極めましょう。

さっそく、たこ焼きの利益性をFLLコスト計算法で分析してみると、非常に収益性の高い商品（営業利益率10・4％）ということがわかり（図表㉔）、販促実施を決定しました。

仮説を立て、販売目標を設定する

販促に着手するにあたり、具体的な仮説を立てて、商品や売場に落とし込んでいきます（図表㉕）。

たこ焼きが、昼食やおやつとして食べられる機会は少なく、おもに夕食時に食べられていることは先ほどのアンケートで把握しています。

ファミリー層を想定した場合に、家族みんなを満足させることを考えると、これまで販売している6個入りだけでは足りません。そこで6個入りに加えて、10個入り、16個入り、25個入りの4種類を用意しました。

また、同じ味ではすぐに飽きてしまうので、味のバリエーションを増やすことにしました。溶かしたチーズをのせた「ピザ風たこ焼き」、焦がしネギをたっぷり振りかけた「ネギたこ焼き」などを用意したのです。

そして、購入する際の決定権を握るのは子どもであると仮定し、小さな子どもでもわかるように、数量や味のバリエーションを増やしたことをＰＯＰで伝えるようにしました。

仮説の立て方について、私はよく質問を受けます。その際には、**専門店のMDが参考になる**とアドバイスしています。

たとえば、弁当を販促するのならば、地域で評判の総菜店を視察します。どのような商品をいくらで販売しているか、主菜と副菜の種類とバランス、味付けを確認します。また、来店している客層や、どのような商品を購入しているのかよく観察するのです。すると、自店よりも進んでいることや優れている点が見えてくるはずです。

その中には、自分の店でも取り組めることがあるでしょう。それを仮説に組みこんで、すぐに実践すればよいのです。

続いて、販売目標を設定します。この店の総菜部門全体の売上は1日23万円でした。その10％、2万3000円を目安として、たこ焼きを800個売る目標を立てました。たこ焼きの平均売価は1個30円なので、すべて売り切れば2万4000円になる計算です（図表㉖）。

第2章で述べましたが、販促を実施する際には、売上目標を部門売上高の10％以上に設定します（73ページ参照）。ただ、10％を超える確信を持てない場合には、目標を低く設定し、試験的に販促するとよいでしょう。そこで反応があれば、規模を大きくすればいいわけです。

目標を設定したら、十分な量を製造し、売場に陳列できるように販売計画と陳列台帳を作成します。販促用ののぼりやパーテーション、ＰＯＰを用意し、従

図表25 仮説を立て、たこ焼きを販促する

仮説	販促
たこ焼きは夕食になる？	1日中販売展開すれば、おやつとしても、夕食としても販売できる
本当に必要な量は？	たこ焼きで家族みんなのおなかを満たすには、大容量パックも必要
味のバリエーションはこのままでいいのか？	同じ味では飽きてしまう。夕食らしい味付けもニーズがある
購入の決定権を持っているのはだれか？	子ども目線のPOPを作成すれば、若いファミリー層を獲得できる

図表26 販売目標の設定

品名	売価	原価	数量	目標金額	値入率	構成比	相乗積※
たこ焼き（6個）	198	96.7	15	2,970	51.16%	12.51%	6.40%
たこ焼き（10個）	298	153.9	25	7,450	48.36%	31.39%	15.18%
たこ焼き（16個）	450	257.93	12	5,400	42.68%	22.75%	9.71%
たこ焼き（25個）	680	412.77	2	1,360	39.30%	5.73%	2.25%
ネギたこ焼き（10個）	298	150.44	12	3,576	49.52%	15.07%	7.46%
ピザ風たこ焼き（8個）	298	153.59	10	2,980	48.46%	12.55%	6.08%
合計			76	23,736		100.00%	47.08%

※相乗積=売上構成比×粗利益率　　単位：円、個、%

業員にレクチャーを行うなどの段取りを整えました。

そして、たこ焼きの販促を開始します。実施したのは日曜日でした。平日は米飯を展開している平台6尺1本の売場を確保し、そこに朝から大量のたこ焼きを並べたのです。

販促の肝は2つ

このとき実践した、販促の肝を2つお伝えします。

1つめは、できるだけ数をたくさん並べることです。そのためには、売場に並べる予定の時間より、かなり前からつくる必要があります。すると、早い時間につくったものは先に冷めてしまいますが、それでよいのです。なるべく出来たてのたこ焼きをお客に提供したいところですが、それにこだわりすぎると、大きな失敗につながります。

なぜなら、出来たてを提供しようとすると、つねに商品を製造していなければならず、生産効率が下がります。また、予想以上に売れた場合には、品切れが発生するリスクもあるためです。

加えて、お客は必ずしも出来たてのたこ焼きを求めているわけではありません。どうしても自宅に帰る途中で冷めてしまいますし、家で温めて食べることを前提に購入しているお客も多いと思われます。実際、アンケートでは前日に購入し、翌朝に温めて食べるお客もいました。

こうした点を考慮すると、出来たてにこだわらず、一気につくって、収益性を高めるべきでしょう。

2つめは、SKU数を充実させることです。

今回、6個、10個、16個、25個の4つのサイズを用意しました。基本的には〈大〉、〈中〉、〈小〉に、〈特大〉を加えた4SKUを揃えるのがよいでしょう。〈特大〉は正直なところ、あまり売れないかもしれません。しかし、「〈特大〉は多すぎるけれど、〈大〉なら食べきれそう」と考え、〈大〉を購入するお客が増えることに期待ができます。

看板商品への育成を決定

販促の結果、この日のたこ焼きの売上は2万3000円に達しました。目標であった2万4000円にはあと一歩届きませんでしたが、総菜部門全体の売上は、前日比111%の25万円になりました。たこ焼きの売上が増えた分、ほかの総菜の売上が減少することもなく、ほぼそのまま上乗せされたのです。

この日のたこ焼きの売上は、なんと食品全体の5番目にランクインしました。**売上上位になかったたこ焼きが、売り方次第で総菜部門の看板商品になることがわかった**のです。

今回のたこ焼きの販促は、「たこ焼きを夕食としても食べる」という仮説を検証することがおもな目的でした。そこで、時間帯ごとの販売数量を表にまとめたのが図表㉗です。

これを見ると、たこ焼きの売上が最も多い時間帯は、16時〜17時でした（図表㉗）。「たこ焼きを夕食として食べる」ことがほぼ実証されたと言えるでしょう。

さらに、もうひとつわかったことがあります。**たこ焼きの平均単価が最も高かったのも16時〜17時だった**ことです。

従来は、たこ焼きを「昼のおやつ」という発想で品揃えしていたので、6個と8個の2サイズを販売していました。しかし今回、量目のバリエーションを拡げてみると、夕方に16個入りの〈大〉の売上が伸びるとともに、〈大〉を際立たせるために用意した25個入りの〈特大〉も売れました。

〈大〉と〈特大〉サイズは、おやつ用の量目でないことは明らかです。つまり、「たこ焼きを夕食として食べる」という仮説がより実証されたことになります。

図表㉗ たこ焼きの拡販の結果検証

	販売点数	販売金額	客数	平均単価	数量PI値
合計	102	25,369	1,239	248.72	82.32
9:00~10:00	1	284	33	284.00	30.30
10:00~11:00	4	1,186	97	296.50	41.24
11:00~12:00	10	3,085	126	308.50	79.37
12:00~13:00	9	2,511	90	279.00	100.00
13:00~14:00	6	1,754	96	292.33	62.50
14:00~15:00	10	2,460	119	246.00	84.03
15:00~16:00	3	852	147	284.00	20.41
16:00~17:00	12	4,183	171	348.58	70.18
17:00~18:00	8	2,094	161	261.75	49.69
18:00~19:00	14	3,188	93	227.71	150.54
19:00~20:00	7	1,264	53	180.57	132.08
20:00~21:00	16	2,224	49	139.00	326.53
21:00~閉店	2	284	4	142.00	500.00

単位：点、円、人、ポイント

今後は、夕食として食べられる味付けにしたり、具材を工夫したりすることで、売上を増やすことができるでしょう。

この仮説検証は、この店の従業員を大きく勇気づけました。たこ焼きが夕食として食べられているのならば、夕方以外の時間帯でも量目の大きいサイズを強化することで、単価アップを期待できるからです。

こうした検証を踏まえて、この店では、たこ焼きを総菜部門の看板商品として育成するという結論に達したのです。

3

販促事例②天ぷら

選択肢は「構成比を上げる」のみ

続いて、天ぷらの販促事例を紹介しましょう。

天ぷらと言えば、総菜の定番商品です。食品スーパーの総菜部門における天ぷらの売上構成比は、業界平均で5％前後です。最近では、ほかの総菜の売上が伸びているため、相対的に天ぷらの構成比が下降している食品スーパーが多いようです。

売上が伸びない商品については、フェースを狭めて、品揃えを売れ筋に絞るのが定石です。

しかし、天ぷらの場合、単純にはいきません。なぜなら、つくるときに専用のフライヤーを使用するからです。天ぷら以外を揚げると油が汚れてしまうので、ほかの揚げ物には使えません。そのため多くの食品スーパーでは専用のフライヤーを1台確保していますが、以前に比べてフライヤーの稼働率は下がっているはずです。かといって、天ぷらの扱いをやめてしまうことも難しいのが現状かと思われます。

それならば残る選択肢は「天ぷらの構成比を上げる」しかありません。そこで、天ぷらの構成比を10％に上げることを目標に、時間帯MDを実施しました。

売上を増やすために、売上上位の商品に特化して販促する方針を決めました。そこで、午前と午後に分けて販売実績を調べ、各時間帯別の売れ筋の商品だけを徹底的に売り込むことにしたのです。

販売実績を見ると、午前中に天ぷらを購入しているお客の多くは、麺類も一緒に買っていることがわかりました。このため、午前中はかき揚げに特化して、麺類との関連販売を実施しました。

このときは暑い時期だったこともあり、かき揚げとパック入りの冷やしうどんを一緒に並べました。結果、冷やしうどんは午前中でほぼ完売。比例して、かき揚げもよく売れました。

日替わりで単品訴求

続いて、午後の販売実績を分析してみると、酒類と一緒に購入するお客も多いことから、ご飯のおかずとしてだけでなく、晩酌のおつまみとして天ぷらが食べられていることが想像できます。

そこで、午後には、ご飯に合う「おかず天ぷら」に加えて、お酒のお供となる「おつまみ天ぷら」を大々的に販促することにしました。

「おかず天ぷら」としては、ナスのはさみ天、レンコン天、カニかまぼこ天などを、「おつまみ天ぷら」としては、ちくわ天、季節の野菜天（タラの芽、そら豆）などを提案することにしました。

しかし、こうしたアイテムを1日にすべてつくると、1個当たりの製造コストが割高になってしまいます。**そこで、日替わりで「おかず天ぷら」「おつまみ天ぷら」を1点ずつ単品で訴求することにしました。生産効率も高いうえに、毎日異なる天ぷらを提案したほうがお客の購買意欲を掻き立て、販売数量が増えると**考えたわけです。

結果、ほぼ計画通りの売れ行きを見せました。午前と午後の時間帯MDの展開により、天ぷらは部門内構成比10％を達成したのです。

課題は生産効率の改善

この節の最初に述べましたが、多くの食品スーパーでは、天ぷらの構成比が年々下降する傾向にあります。これは一時的な現象とは思えません。長期トレンドとして、日本人が天ぷらを食べる頻度が低下していると思われます。

こうした現状を打破するためには、**販促によってお客の購買意欲を掻き立てることに加えて、収益性の低下を防ぐために生産効率の向上を図る必要があります。**

生産効率を上げるために3つの方策を挙げてみます。

①商品規格の統一

商品の種類を絞り込み、同じものを1度にたくさんつくるようにすれば効率が上がります。ところが総菜部門では、非効率な製造工程が所々見られます。

たとえば同じ原材料を使用する天ぷらなのに、ばら売り用、盛り合わせ用、天丼用として、それぞれ原材料の大きさや揚げる時間の長さなど別々の規格を設けている場合があります。つくっている従業員は1人なのに、あまりに効率が悪すぎます。規格を統一し、1度にたくさん揚げられるようにすれば、それだけで効率を上げることができます。

②半調理品の導入

素材をイチから調理するより、ある程度の加工された状態で仕入れることで、生産効率が上がります。

天ぷらであれば、素材をかき揚げの形に成型し、天ぷら粉を付けた状態で冷凍したかき揚げ（プリフライ）がすでに製品化されています。この冷凍かき揚げなら、1人1時間当たり200枚つくることができます。イチからつくる場合に比べ、約4倍を製造できるのです。現在の天ぷらの構成比や収益性を考えると、冷凍かき揚げの導入を検討すべきかもしれません。
もちろん、手づくりにこだわる店もあるでしょう。その場合、効率よくつくる方法を見つけ出す必要があります。

③調理が容易な商品の展開

ちくわ天、かぼちゃ天など天ぷらの一部は、調理技術が高くない人でも簡単につくれます。天ぷら粉をつけて油に入れるだけ、いわゆる〝投げ込み〟で対応できるので、従業員の少ない夕方にもたくさんつくれます。製造コストも比較的低いので、生産効率を上げるのに適した商品と言えるでしょう。

総菜部門全体を見ると、たこ焼きのようにヒットの可能性を秘めている商品、天ぷらのようにダウントレンドでも伸びしろのある商品が見つかるかもしれません。

販促による売上の維持、増加を図るとともに、生産効率向上による利益確保を地道に進めていくことが、儲かる総菜売場をつくる必須条件と言えます。

おわりに

投資余力のある大手小売が、総菜強化に本腰を入れています。新商品の開発や、綿密な販売計画の策定、新設備導入などを着々と進めているのです。その理由は、総菜はオリジナル商品であるため、自社で利益をコントロールすることができるからです。大手小売の総菜は、部門別に見てもトップクラスの収益部門になりつつあります。

しかし、小規模の食品スーパーの多くは、昔ながらのやり方で総菜部門を運営しているのが現状です。販売計画を立てずに、コスト感覚のないまま、毎日、同じ商品を同じように陳列し、売場を埋めているのです。総菜部門が赤字という食品スーパーも少なくありません。いまだに総菜部門の損益計算書さえ作成していない食品スーパーもあるのです。

食品スーパーは同業との競合だけでなく、異業種との競争がますます厳しくなっています。中小規模の食品スーパーは今後、自ら情報を集め、総菜の商品政策や販売政策を組み立てないと、ますます大手との差が広がるばかりとなるでしょう。

本書は、総菜部門をチェックし、効率がよくて利益のとれる、〝儲かる〟総菜売場につくり直せるような構成にしました。看板商品をつくりましょう、販売計画をつくりましょう、総菜のコスト構造を理解しましょうという、総菜部門の基本を押さえることを主意としています。この基本を徹底させている私のクライアント企業では、総菜部門の収益が改善するなど、少しずつ成果が出ています。

とくに大手と中小規模の食品スーパーでは、従業員のコスト意識に大きな差があると感じています。商品原価や人件費をはじめとする製造コストや、目標とする営業利益など把握したうえで仕事を進めるのとそうでない場合では、従業員自身の働き方も大きく変わってくるでしょう。本書で紹介した「ＦＬＬコスト計算法」を活用して、商品別の目標を設定し、総菜部門チーフが中心となり、現状を把握し、目標を達成するためにはどうすればよいか考えてみて下さい。収益改善のために、まず一歩を踏み出すことが大切です。

総菜の市場規模は拡大を続けるでしょう。食品スーパーの総菜売場へのニーズも今後も高まるはずです。多くの食品スーパーでは、来店客の高齢化が進んでいると思われますが、まだ取り込めていない若年層の主婦や若い女性などをターゲットにした総菜やサービスを提供できれば、客数を伸ばし、売上と利益を拡大することも可能です。

また、大手を中心に、グロサリーとレストランをかけ合わせた造語で、レストランに負けないクオリティの食事を店内で提供する「グローサラント」業態を展開する大手も出てきています。
このように将来性ある総菜を強化することは、食品スーパーが生き残るための必須条件と言えるでしょう。本書が総菜部門のあり方を見直し、〝儲かる〟総菜売場をつくるきっかけとなれば幸いです。

株式会社リンクスＫ　代表取締役
小関恭司

［著者］

小関恭司（Kyoji Koseki）

1950年福岡県生まれ、73年専修大学商学部卒業。同年イトーヨーカ堂入社、惣菜部門チーフ、食品マネージャー、デリカ部スーパーバイザー、食品事業部惣菜担当バイヤー、惣菜チーフバイヤーなどを歴任。2006年イトーヨーカ堂退社後、株式会社リンクスKを設立し、食品スーパー、総合スーパー、ディスカウントストアなど小売業の総菜部門向けにセミナーや勉強会、実地研修などのコンサルティングサービスを提供する。ボランタリーチェーンや総菜関連メーカー・卸売業への戦略的アドバイスも行っている。『ダイヤモンド・チェーンストア』（ダイヤモンド・リテイルメディア）など流通専門誌にも多数執筆。

繁盛店はここが違う！
“儲かる”総菜売場のつくり方

2018年1月24日　第1刷発行

著　者——小関恭司
発　売——ダイヤモンド社
〒150-8409　東京都渋谷区神宮前6-12-17
https://www.diamond.co.jp
販売　TEL03･5778･7240
発行所——ダイヤモンド・リテイルメディア
〒101-0051　東京都千代田区神田神保町1-6-1
http://www.diamond-rm.net/
編集　TEL03･5259･5941
装丁————渡邊民人（TYPEFACE）
本文————谷関笑子（TYPEFACE）
印刷・製本—ダイヤモンド・グラフィック社
編集協力——太田 聡
編集担当——田中浩介

ISBN 978-4-478-09054-1

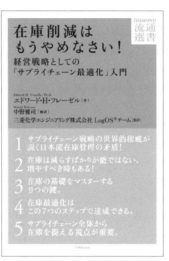